无障碍阅读 精美插图 名师点评

【中国青少年必读名著】

周 易

［上古］伏羲 ［商］周文王◎著 焦庆锋◎编

彩色美绘版

中国青少年必读名著

黄河出版传媒集团
宁夏人民出版社

图书在版编目 (CIP) 数据

周易 / (上古) 伏羲 , (商) 周文王著 ; 焦庆锋编
. -- 银川 : 宁夏人民出版社 , 2015.11
（中国青少年必读名著）

ISBN 978-7-227-06171-7

Ⅰ . ①周… Ⅱ . ①伏… ②周… ③焦… Ⅲ . ①《周易》
–青少年读物 Ⅳ . ① B221-49

中国版本图书馆 CIP 数据核字 (2015) 第 294256 号

中国青少年必读名著
周 易 ［上古］伏 羲 ［商］周文王 著 焦庆锋 编

责任编辑 丁丽萍
封面设计 焦庆锋
责任印制 肖 艳

黄河出版传媒集团
宁 夏 人 民 出 版 社 出版发行

地 址 银川市北京东路 139 号出版大厦（750001）
网 址 http://www. yrpubm.com
网上书店 http://www.hh-book.com
电子信箱 renminshe@yrpubm.com
邮购电话 0951-5052104
经 销 全国新华书店
印刷装订 三河市恒彩印务有限公司
印刷委托书号 （宁）0001323

开 本 640mm × 920mm 1/16
印 张 12
字 数 160 千字
印 数 6000 册
版 次 2015 年 12 月第 1 版
印 次 2015 年 12 月第 1 次印刷
书 号 ISBN 978-7-227-06171-7/B · 215

定 价 19.80 元

前言

世界名著是人类文化艺术发展道路上的丰碑，它以生生不息的思想力量、经久不衰的语言魅力深深打动着一代又一代的读者。对于青少年而言，大量阅读文学名著，是行之有效的阅读行为。文学名著凭借超拔的构思、动人的故事、隽永的语言，实现了文学大家对自然与人类社会不凡的理解和想象。沉浸其中，会让你成为一个对事物有通达理解的人，一个个性健康、感情充沛、志趣高尚的人。总而言之，读名著对你的智商与情商的提高都有莫大的好处。

为了系统地向广大青少年传递世界名著精华，我们精心组织编写了这套《中国青少年必读名著》。我们从浩瀚的知识海洋中，撷取精华，汇聚经典，将最受世界青少年青睐的作品奉献给大家。该系列丛书会给读者朋友们打开一扇心灵的窗户，让读者朋友们在知识的天地里遨游和畅想，为青少年朋友们搭建一架智慧的天梯，让我们在知识时空中探幽寻秘。本套丛书内容健康、有益，紧扣中学生语文课标，集经典性、知识性、实用性、趣味性于一体。我们精选的这些名著都是经历了历史与时间的检验，是公认为最具有杰出思想内涵或文学艺术品位的名著，是一份让广大青少年朋友品味人类知识精华的大餐。

由于编纂时间仓促，加之编者水平有限，编写过程中难免出现纰漏，还望广大读者批评指正。

阅读导航

原文

原著经典再现，古代文言文讲究言简意赅、字字珠玑，让读者细细品味，领略中国文化精髓。

乾第一

䷀乾下乾上

原文

乾①。元亨②利贞③。

注释

①乾：卦名。意思是刚健有力，卦象是乾下乾上，乾为天，六个爻都是阳爻，阳爻是刚有力的。②元亨：大为顺利。元：大，在《周易》中不单独使用，与别的词合成短语。例如这里的“元亨”，坤卦六五的“元吉”等。亨：亨通，顺利。③利贞：利以贞的省略，即以贞而利，凭着正确得到好处。“贞”在《周易》都讲成正确，是怎样正确，随语言环境而异，例如在这里指天道循环的正确，在屯卦卦矢是以退为进和以后取先为正确等。

译文

事业会大为顺利，凭着天道循环的正确得到好处。

“元亨，利贞”是卦辞，卦辞是一卦纲领。为什么把“贞”译成天道循环的正确？因为对本卦进行概括的“用九，见群龙无首，吉”，是说通观本卦六条阳爻，像出现一群龙，没有带头的，也没有尾随的，像这样的循环就吉利。于是这个“贞”就指天道循环的正确。要全面理解《周易》的循环论，得结合泰、否、剥、复等卦看，特别是否卦。

原文

初九[①]:潜龙勿用。

注释

①初九:《周易》用“九”字标明阳爻,用“六”字标明阴爻,用“初”、“二”、“三”、“四”、“五”、“上”表示六爻的顺序,自下而上。这里第一爻是阳爻,所以叫“初九”,如果是阴爻,就叫“初六”,其余类推。

译文

初九,像一条龙潜藏着一样,不能够有大的活动或作为。初九变二九,阳爻上升一位,表明隆冬已去,春暖花开,在阳气的鼓动下,大地苏醒草木繁茂,天地一片明媚,宛若妙手文章。

原文

九二:见龙在田,利见大人。

译文

龙出现在田野之中,有利于拜见大人物。

原文

九三:君子终日乾乾,夕惕若厉,无咎。

译文

九三,君子整天努力奋斗,晚上也时刻警惕着,虽然处境艰难危险,但却没有灾害。九二变九三,初春已去,夏日来临,阳爻再上升一位。具有乾阳之德的君子,身心并用,刻苦上进,日日辛劳,永不倦怠。他德性的提高,才能的增进,恰恰与天道变换的时序协调一致。

原文

九四:或跃在渊,无咎。

译文

尊重原文,对每字每句用白话文释义,让读者在欣赏原著的基础上,深刻领会作者的思想。

阅读导航

目录 MULU

周易·上经

目录

周易·下经

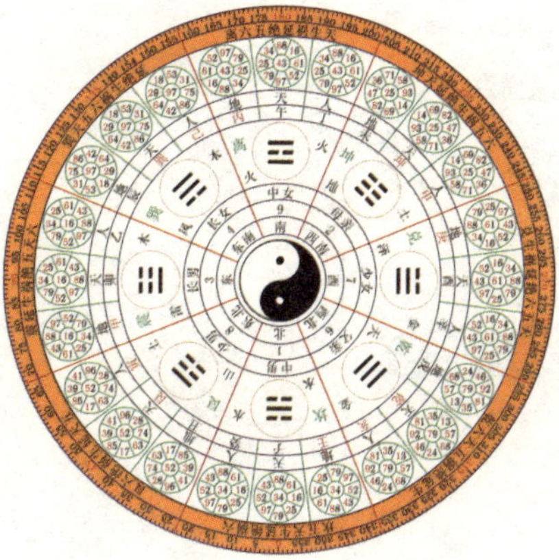

周易·上经

乾第一

☰乾下乾上

原文

乾[1]。元亨[2]利贞[3]。

注释

①乾：卦名。意思是刚健有力，卦象是乾下乾上，乾为天，六个爻都是阳爻，阳爻是刚有力的。②元亨：大为顺利。元：大，在《周易》中不单独使用，与别的词合成短语。例如这里的“元亨”，坤卦六五的“元吉”等。亨：亨通，顺利。③利贞：利以贞的省略，即以贞而利，凭着正确得到好处。“贞”在《周易》都讲成正确，是怎样正确，随语言环境而异，例如在这里指天道循环的正确，在屯卦卦矢是以退为进和以后取先为正确等。

译文

事业会大为顺利，凭着天道循环的正确得到好处。

“元亨，利贞”是卦辞，卦辞是一卦纲领。为什么把“贞”译成天道循环的正确？因为对本卦进行概括的“用九，见群龙无首，吉”，是说通观本卦六条阳爻，像出现一群龙，没有带头的，也没有尾随的，像这样的循环就吉利。于是这个“贞”就指天道循环的正确。要全面理解《周易》的循环论，得结合泰、否、剥、复等卦看，特别是否卦。

原文

初九[①]:潜龙勿用。

注释

①初九:《周易》用"九"字标明阳爻,用"六"字标明阴爻,用"初"、"二"、"三"、"四"、"五"、"上"表示六爻的顺序,自下而上。这里第一爻是阳爻,所以叫"初九",如果是阴爻,就叫"初六",其余类推。

译文

初九,像一条龙潜藏着一样,不能够有大的活动或作为。初九变二九,阳爻上升一位,表明隆冬已去,春暖花开,在阳气的鼓动下,大地苏醒草木繁茂,天地一片明媚,宛若妙手文章。

原文

九二:见龙在田,利见大人。

译文

龙出现在田野之中,有利于拜见大人物。

原文

九三:君子终日乾乾,夕惕若厉,无咎。

译文

九三,君子整天努力奋斗,晚上也时刻警惕着,虽然处境艰难危险,但却没有灾害。九二变九三,初春已去,夏日来临,阳爻再上升一位。具有乾阳之德的君子,身心并用,刻苦上进,日日辛劳,永不倦怠。他德性的提高,才能的增进,恰恰与天道变换的时序协调一致。

原文

九四:或跃在渊,无咎。

译文

九四，龙或许跳进深潭，这没有害处。炎热的夏季就要过去，天地龙动君子动，一切都表明，天运即将发生重大变革。

原文

九五：飞龙在天，利见大人。

译文

九五，龙腾飞在天空中，有利于会见达官贵人。这是全卦之主爻。金秋时节，龙居九五之尊，乾乾君子莅临天位，强健有力的天德躬逢其盛，天下治理，四海康宁。

原文

上九：亢龙①有悔。

注释

①亢龙：飞得过高的龙。亢，极高。

译文

上九，飞得过高的龙，会有悔恨。秋去冬来，天变爻主亦变，乾阳当午之势已去，九五之尊一变而为上九之极，天地万物的成长由盛转衰，伴随着天时的转变，大君当年的辉煌而今已经烜赫不再。

原文

用九①：见群龙无首②，吉。

注释

①用九：仅帛书《周易》作“迥九”。②见：出现。群龙：一群龙。指本卦六个阳爻。无首：既没有带头的，也没有尾随的，指循环。《周易》有两个“无首”，另外一处是比卦上六的“比之无首”。

译文

用九,出现许多龙,但看不出首领,这是吉利的。

原文

《彖》曰[①]:大哉乾元[②]!万物资始[③],乃统天。云行雨施,品物流形[④]。大明终始[⑤],六位时成[⑥],时乘六龙以御天[⑦]。乾道变化,各正性命[⑧]。保合大和[⑨]乃利贞,首出庶物[⑩],万国咸宁[⑪]。

注释

①彖(tuàn):全称为《彖传》,用来解释卦辞。②乾元:即杰出的乾。③资:依靠。始:开始,产生。④品物:各种物品。流形:发展成形。⑤大明:太阳。⑥六位:六个爻位,即初、二、三、四、五、上。⑦御天:控制天。⑧性命:属性和寿命。⑨大和:极端和谐。⑩庶物:众物。⑪咸宁:全都安宁。

译文

《彖传》说:伟大啊,生命本原的乾阳元气!万物依靠它产生,它统管了上天的一切变化。云流动着,雨降下来,各类物品都变动成形,太阳照射着它们的终始,象征事物变化的六个爻位应时出现,像因时乘坐六条龙在控制上天有秩序地运行。乾阳之气的作用变化无穷,能使万物各自端正属性和寿命,保持住太和之气,以利于体现正道。乾阳之气凌驾于万物之上,使天下显得安宁。

原文

《象》曰[①]:天行,健。君子以自强不息。

注释

①象:《象传》,《易大传》组成部分。系一卦之下,从卦象对整个卦义进行概括,也叫《大象》。

译文

《象传》说：天道刚健，君子因此起而仿效，奋发图强，永不停止。

原文

《文言》曰①：元者善之长也②，亨者嘉之会也③，利者义之和也④，贞者事之干也⑤。君子体仁足以长人⑥，嘉会足以合礼⑦，利物足以和义⑧，贞固足以干事⑨。君子行此四德者，故曰：乾，元、亨、利、贞。

注释

①《文言》：十翼之一，专释乾、坤两卦的义理。②长（cháng)：突出。③会：集中。④和（hè)：应和。⑤干：主干。⑥体仁：体现仁。长（zhǎng)人：做人尊长。⑦嘉会：集中美德。⑧利物：有利于物。和义：即与义相合。⑨贞固：正确要坚持。干事：办事。

译文

《文言》说："元"是善良中最突出的，"亨"是美好的集中表现，"利"，是义的应和，"贞"是做好事情的主干。君子体现仁就能做别人的尊长，把美好集中起来就能合于礼义，有利于万物就能与义相合，把正确原则坚持下去就能办好事情。君子实践这四种德行，所以说乾卦是讲元、亨、利、贞的。

原文

初九曰："潜龙，勿用"，何谓也？子曰：龙德而隐者也。不易乎世，不成乎名，遁世无闷，不见是而无闷。乐则行之，忧则违之。确乎其不可拔，潜龙也。

译文

初九说："潜龙，勿用"，是说什么呢？孔子说：这是比喻有龙的美德而隐居的人。不为世俗的好恶而改变节操，不追求成名成家，即使离群索居也没烦恼，不被肯定也不感到苦闷。合乎心意的事就做，令人忧患的事就避。坚定不动摇，这就是潜龙的品德。

原文

九三曰："君子终日乾乾，夕惕若，厉无咎"，何谓也？子曰：君子进德修业[①]，忠信[②]，所以进德也，修辞立其诚[③]，所以居业也[④]。知至至之，可与言几也[⑤]。知终终之，可与存义也[⑥]。是故居上位而不骄，在下位而不忧，故乾乾因其时而惕，虽危无咎矣。

注释

①进德：提高品德。修业：搞好事业。②忠：忠贞。信：信用。③修辞：写文章。立其诚：反映真实。④居业：对待事业。⑤几（jī）:几微，微妙。⑥存义：坚持原则。

译文

九三说："君子终日乾乾，夕惕若。厉无咎"，是说什么呢？孔子说：君子致力于提高品德，搞好事业，以忠信来提高品德，以修饰言辞来建立诚信，这是操守事业的立足点，知道理想的道德境界而去努力追求，从而捕捉到一瞬即逝的时机。知道事业应该终止就终止它，从而保持行为道义。因此像这样处于尊贵的地位却不骄傲，处于低下地位却不忧愁。勤奋努力，随时提高警惕，即使处境危险也没有大碍。

原文

九四曰："或跃在渊，无咎"，何谓也？子曰：上下无常，非为邪也。进退无恒，非离群也。君子进德修业，欲及时也，故无咎。

译文

九四说："或跃在渊，无咎"，是说什么呢？孔子说：这是比喻君子的地位经常上下变动，但不是出于邪念。他的前进、后退也不是一定的，但这不是要脱离群体。这些都是君子提高品德、搞好事业应抓紧时机的表现，所以没有害处。

原文

九五曰："飞龙在天，利见大人"，何谓也？子曰：同声相应，同气相求，水流湿，火就燥，云从龙，风从虎，圣人作而万物睹。本乎天者亲上，本乎地者亲下，则各从其类也。

译文

九五说："飞龙在天，利见大人"，是说什么呢？孔子说：同样的声调能产生共鸣，同样的气味能相互吸引。水向湿处流，火向干处烧，云跟随着龙，风跟随着虎，圣人出现而万物敬仰。根基在天上的亲附于天空，根基在地上的依附着大地。这就是说天下万物都是亲附同类。

原文

上九曰："亢龙，有悔"，何谓也？子曰：贵而无位，高而无民，贤人在下位而无辅，是以动而有悔也。

译文

上九说："亢龙，有悔"，是说的什么呢？孔子说：身份显贵却没有实际的地位，身份崇高但失去民心，有才德的人被压抑在下层，不能获得这些人的辅助，因此一有行动就会有悔恨。

原文

"潜龙，勿用"，下也①。"见龙在田"，时舍也②。"终日乾乾"，行事也③。"或跃在渊"，自试也④。"飞龙在天"，上治也⑤。"亢龙有悔"，穷之灾也。乾元"用九"，天下治也⑥。

注释

①下：地位处于最下。②时舍：暂时居住。时：暂时。舍：居住。③行事：做事情，干工作。④自试：自己试一下。⑤上治：居于上位治理天下。⑥天下治：天下太平。

译文

初九“潜龙，勿用”，是说地位处于最底层。九二“见龙在田”，指暂时住在民间。九三“终日乾乾”，指刻苦勤恳地做事情。九四“或跃在渊”，是说正在试试自身的才能。九五“飞龙在天”，比喻居于上位治理天下。上九“亢龙有悔”，指高高在上带来的灾祸。乾卦提出“用九”，是说天下必然得到治理而太平。

原文

“潜龙，勿用”，阳气潜藏。“见龙在田”，天下文明。“终日乾乾”，与时偕行。“或跃在渊”，乾道乃革。“飞龙在天”，乃位乎天德。“亢龙有悔”，与时偕极。乾元“用九”，乃见天则。

译文

初九“潜龙，勿用”，指阳气潜藏在地下。九二“见龙在田”，指天下因阳气上升而色彩纷呈，大地明亮。九三“终日乾乾”，指阳气与时俱进，继续上升。九四“或跃在渊”，指阳气更盛，天道发生了大的变化。九五“飞龙在天”，说明天的功德已经圆满完成。上九“亢龙有悔”，说明阳气随着时节而发展到了极端的程度。乾卦提出“用九”，体现了循环的自然规律。

原文

乾元者，始而亨者也。利贞者，性情也①。乾始能以美利利天下②，不言所利，大矣哉！大哉乾乎，刚健中正，纯粹精也③。六爻发挥④，旁通情也⑤。时乘六龙，以御天也。云行雨施，天下平也。

注释

①性情：本性和实情。②利天下：使天下人得到好处。③刚健中正，纯粹精也：刚强，劲健，居中，守正，纯粹而不混杂。④发挥：运动变化。⑤旁通情：广泛贯通于一切事物。旁：广泛。通：贯通。情：实，事物。

译文

《乾》卦的卦辞“元”，是讲刚健的阳气开始创造生命，生命发展顺利。“利”、“贞”，是刚健的阳气的本性和实情。阳气一开始就把美好的利益施予天下，而且从不提起它的恩德，伟大呀！伟大的阳气，刚健、居中、守正、纯粹而不混杂。六个阳爻发挥舒展，广泛贯通一切事物。这好比按时乘着六条龙去调控看上天，分布着云彩，降洒着雨露，普天之下同享太平。

原文

君子以成德为行，日可见之行也。潜之为言也，隐而未见，行而未成，是以君子弗用也。

译文

君子把完成品德修养作为自己行动的准则，每天都可以表现在实践中。初九说的“潜”讲的是隐藏而没有表现，行动的时机还没有成熟，所以君子这时不能有所作为。

原文

君子学以聚之，问以辩之，宽以居之，仁以行之。《易》曰：“见龙在田，利见大人”，君德也。

译文

君子通过学习来积累知识，通过诘问来辩明是非，以宽容来存心，以仁心来待人接物。《易经》九二说：“见龙在田，利见大人”，是说君主的品德已具备。

原文

九三重刚而不中①，上不在天，下不在田，故乾乾因其时而惕，虽危无咎矣。

注释

①重（chóng）刚：指“九”这个阳爻居于“三”这个阳位。阳是刚，以阳爻居阳位，是重刚。这是一般的爻位说。

译文

九三处在两重刚位，刚中有刚，没有处在上、下卦的中位，向上没有占据天位，向下没有占据地位，所以还需要勤奋努力，随时提高警惕，即使危险但也没有害处。

原文

九四重刚而不中，上不在天，下不在田，中不在人①，故或之。或之者，疑之此，故无咎。

注释

①中不在人：下卦上位，即第三爻，为人位，九四之爻固不在人位。

译文

九四处在三重刚位，没有处在上、下卦的中位，向上没有占据天位，向下没有占据地位，向中也没有占据人位，所以有“或许”的说法。“或许”这个词就是表示迟疑未决，所以没有害处。

原文

夫大人者，与天地合其德，与日月合其明，与四时合其序，与鬼神合其吉凶，先天而天弗违，后天而奉天时。天且弗违，而况于人乎？况于鬼神乎？

译文

九五所讲的大人，他的品德与天地一样，他的明智与日月一样，他的政令井然有序，与春、夏、秋、冬四时前后替代一样，他能事先发现吉凶，与神秘莫测的鬼神一样。他先于天行动，天不违背他，后于天行动，也能遵奉天时。天尚且不违背他，更何况于人呢？何况于鬼神呢？

乾独阳图

乾画三位图

坤第二

☷ 坤下坤上

原文

坤[1]。元，亨。利牝马[2]之贞。君子有攸往，先迷后得主。利。西南得朋，东北丧朋。安贞吉。

注释

①坤：柔顺。卦象是坤下坤上，坤为地，六爻皆阴，阴爻是柔顺的。②牝马：母马，雌马。

译文

坤卦：大吉大利，占问像雌马一样坚守正道，所以顺利。君子有所往，先迷失路途，后来才能行动有主宰，因而吉利。往西南方向利于得到朋友，往东北方向则丧失朋友。安于正道，自然吉祥。

原文

《彖》曰：至哉坤元[1]！万物资生，乃顺承天。坤厚载物，德合无疆。含弘光大，品物咸亨。"牝马"地类，行地无疆。柔顺利贞。"君子"攸行，先迷失道，后顺得常。"西南得朋"，乃与类行；"东北丧朋"，乃终有庆。"安贞"之"吉"，应地无疆。

注释

①坤元：即杰出的坤。

译文

《象传》说：极端崇高啊，生命形成的坤阴之气！万物靠它生长，它顺从和承接了天的功能。大地厚实，承载万物，品德无穷美好，包含弘阔广大，各种东西都依靠它繁荣昌盛，雌马和地同类，都属于阴性，善于在无边无际的大地上奔跑，性情柔顺、祥和、纯正，这也正是君子所为。坤如果抢在乾的前面就违反了正道，只有在后面随顺着才符合常规。往西南得到朋友，于是与类同行。往东北失掉朋友，不过最后还能是吉庆的吗？只有安守正道才能无往而不吉利，正好适应大地的美德而伸展不止。

原文

《象》曰：地势，坤①，君子以厚德载物。

注释

①势：情势，情况。

译文

《象传》说：地的情况是厚实、温顺的，君子凭着这种品德容载万物。

原文

初六：履霜，坚冰至。

《象》曰："履霜，坚冰"，阴始凝也。驯致其道①，至坚冰也。

译文

初六，走在霜上面，说明坚硬的冰块就要出现了。

《象传》说：走在霜上面，就是阴气开始凝结的表现。顺着这条道路发展，会出现坚硬的冰块。

原文

六二：直方大。不习无不利。

《象》曰：六二之动，直以方也。“不习无不利”，地道光也。

译文

六二，平直、方正、弘大是大地的特点，即使前往不熟悉的地方，也没有什么不吉利的。

《象传》说：六二的行动平直而且方正。“不习无不利”，是因为地道广大。

原文

六三：含章可贞。或从王事，无成有终。

《象》曰：“含章可贞”，以时发也。“或从王事”，知广大也。

译文

六三，蕴含着文采，好的占卜。尽管有时奉王命办事而没有成绩，但结果还是有的。

《象传》说：“含章，可贞”，是说能抓住时机行动。“或从王事”，是说才智广大。

原文

六四：括囊[①]。无咎无誉。

《象》曰：“括囊无咎”，慎不害也。

注释

①括：收束，扎紧。囊：布袋。

译文

六四，像结扎着的口袋，不随便说话，既没有坏处，也没有称誉。

《象传》说：“括囊，无咎”，是说谨慎才没有害处。

原文

上六:龙战于野。其血玄黄。

《象》曰:“龙战于野”,其道穷也。

译文

上六,两龙在野外激烈搏斗,淌着黑黄色的血。

《象传》说“龙战于野”,比喻走到了穷困的绝境。

原文

用六:利司贞。

《象》曰:用六①,利永贞,以大终也。

注释

①用六:乾卦“用九”是通观六条阳爻,这里“用六”是通观六条阴爻。

译文

用六,占卜长久吉利。

《象传》说:用六爻辞说永远贞正,由此则会有大的成果。

原文

《文言》曰:坤至柔而动也刚,至静而德方。后得主而有常,含万物而化光。坤道其顺乎,承天而时行。

译文

《文言》说:地道极为柔顺,但在运动中却显得刚强,极为文静,但品德却是方正的。地道后于天,而行动是遵循常规以天为主,同时还包含万物而化育广大。地道多么柔顺啊!总是奉天道而按四时运行。

原文

积善之家,必有余庆;积不善之家,必有余殃。臣弑其君,子弑其父，非一朝一夕之故[1]，所由来者渐矣[2]，由辩之不早辩也[3]，《易》曰："履霜，坚冰至"，盖言顺也[4]。

注释

①故：原因。②所由来：发展的过程。渐：逐渐。③辩：同辨别。④盖：发语词，有大概的意思。顺：渐进。

译文

长期做善事的人家，必有不尽的吉祥；长期不做善事的人家，必有不尽的灾祸。臣子杀死君主，儿子杀死父亲，不是一朝一夕形成的，出现这种局面是逐渐积累的结果，是由于对可以辨明的是非却不及早辨明引起的结果。《易经》初六说："走在霜上面，坚硬的冰块就要出现了"，大概就是一种循序渐进的现象。

原文

直，其正也[1]。方，其义也。君子敬以直内[2]，义以方外[3]，敬义立而德不孤[4]。"直，方，大，不习无不利"，则不疑其所行也。

注释

①义：合理。②敬：认真。直内：使内心端直。③方外：使行为方正。④孤：孤陋，不好。

译文

端直是正确的。方正是合理的。君子通过恭敬、认真来使内心端直，用道义的原则来使行为方正，恭敬、道义的精神树立起来了，品德就不会差。"直，方，大，不习无不利"，说的就是这种人，他的所作所为是用不着怀疑的。

屯第三

䷂ 震下坎上

原文

屯[1]。元亨，利贞[2]。勿用有攸往[3]。利建侯[4]。

注释

①屯：困难。卦象是震下坎上，震为雷，坎为水，是震雷受到坎水压抑，飞不出去，这就是困难。②利贞：利以贞的省略，即凭着以退为进和以后取先的正确策略得到好处。③攸往：所往，指冒昧前进，不能以退为进和以后取先。④建侯：建立一个侯国。

译文

屯卦：大吉大利，吉利的占卜。不利于出门，有利于建国封侯。

原文

《彖》曰：屯，刚柔始交而难生[1]。动乎险中[2]，大亨贞[3]。雷雨之动满盈[4]。天造草昧[5]，宜建侯而不宁[6]。

注释

①刚柔：震雷是刚，坎水是柔。始交：开始接触。②险：坎是水，又是险。③大亨贞：元亨、利贞的解释和省略。大

亨解释为元亨，贞是利贞的省略，从坤卦卦辞“元亨，利牝马之贞”和这里的“大亨贞”看，都说明乾卦《文言》把元亨利贞各自孤立，讲成四种品德是不恰当的。④雷雨：震是雷，坎是水，又是雨。⑤造：创造。草昧：草莱和蒙昧，指世界正在形成，即出现了新世界。⑥宁；安宁，指苟且偷安。

译文

《象传》说：“屯卦，阴阳之气开始交结，困难就产生了。一切生机产生坎险之中，并因坚守正道而大为顺利。震雷和坎雨交加，充满宇宙，于是生成草木，这种卦象表明宜于建国封侯，但并不安宁。

原文

初九：磐桓[1]。利居贞，利建侯。

《象》曰：虽“磐桓”，志行正也。以贵下贱，大得民也。

注释

①磐桓：即盘桓，同“徘徊”。

译文

初九，徘徊不前进，占问安居有利，有利于建国封侯。

《象传》说：虽然徘徊不前，但立志和行为端正。以王的尊贵下居侯位，因而大得民心。

原文

六二，屯如邅如，乘马班如。匪寇婚媾。女子贞不字，十年乃字。

《象》曰：六二之难，乘刚也。“十年乃字”，反常也。

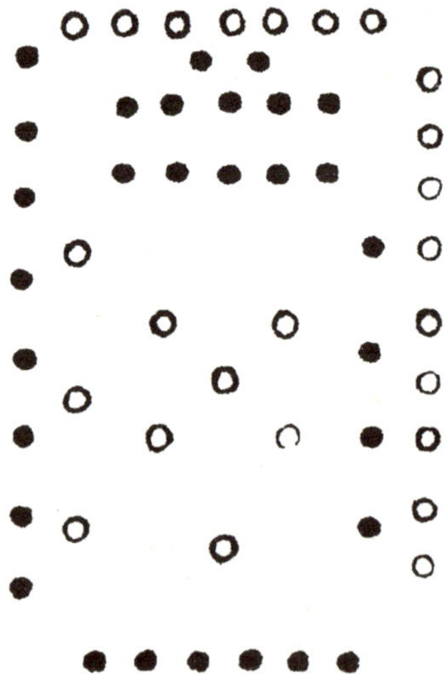

洛书

译文

六二，人们聚集，欲进未进，骑上马任是在原地转圈。不是来抢掠而是求婚配，女子有自己的打算，婚后不急于怀孕，过了十年才生孩子。

原文

六三：即鹿无虞①，惟入于林中。君子几，不如舍②。往吝。

《象》曰："即鹿无虞"，以从禽也。君子舍之，往吝穷也。

注释

①虞：管理山泽的管员。②几：借为"机"，机智，机警。

译文

六三，捕猎野鹿没有虞人帮助，结果野鹿跑进树林里去。君王应该机警，不如舍弃，因为去了只有坏处。

《象传》说："即鹿无虞"，只能盲目地跟着猎物跑。君王应舍弃它，去了只有坏处，而没有任何办法。

原文

六四：乘马班如，求婚媾。往吉无不利。

《象》曰："求"而往，明也。

译文

六四，骑着马在原地回旋，是想寻求婚姻。大胆前往，一定吉利。没有什么不利的。

《象传》说：为了求婚而敢于前往，是明智的行为。

原文

九五：屯其膏。小贞吉，大贞凶。

屯蒙二卦反对一升一降图

《象》曰："屯其膏"，施未光也。

译文

九五，屯积肥肉。问小事则吉，问大事则凶。

《象传》说："屯积肥肉"，意思是施舍的恩泽不够广大。

原文

上六、乘马班如，泣血涟如。

《象曰》："泣血涟如"，何可长也？

易经八卦

译文

上六，骑着马原地回旋，泪血交加，像滴水一样长流不断。《象传》说："泣血涟如"，这种情况怎能长久呢？

蒙第四

䷃ 坎下艮上

原文

蒙①。亨。匪我求童蒙②，童蒙求我。初筮告③，再三渎④，渎则不告。利贞。

注释

①蒙：蒙昧，卦象是坎下艮上，坎为水，艮为山，是有一股水在山下流，由于受到阻碍，流不出去。内容与屯卦基本相同。②匪：通"非"。③筮(shì)：用蓍草占卦，向神灵询问吉凶，这里只取询问的意义。告：告诉。④渎（dú)：渎慢，怠慢。

译文

蒙卦：通顺。不是我有求于幼稚愚昧的人，而是幼稚愚昧的人有求于我。第一次占卦必须告诉他，再三的占卦就成了冒犯，冒犯了则不会再告诉他。但仍是吉利的卜问。

原文

《象》曰:山下出泉,蒙。君子以果行育德。

译文

《象传》说:山下流出一股泉水,由于受到山的阻挡流不出去,这是蒙卦的卦象。君子看到这种情况,就联想到行动应该果断刚毅,从而培养自身的品德。

原文

初六:发蒙。利用刑人,用说桎梏[1]。以往吝。

《象》曰:"利用刑人",以正法也[2]。

注释

①说:通"脱"。②正法:端正法律。

译文

初六,启发蒙昧,开始要像使用刑罚一样去制约人,这是有利的。目的是为了让他解脱枷锁,如果长期严刑重罚,结果会不利。

《象传》说:"利用刑人",这是启蒙的最初阶段,用来端正法律的。

原文

九二:包蒙吉。纳妇吉,子克家。

《象》曰:"子克家",刚柔接也。

译文

九二,包容教育各类童蒙,这是吉兆。娶妻吉祥。生儿子能够持家。

《象传》说:"子克家",是因为"九二"、"六三"两爻相近,表示阴阳刚柔相交会,刚柔相济。

原文

六三：勿用取女[①]，见金夫不有躬。无攸利。

《象》曰："勿用取女"，行不顺也。

注释

①取：《说文》载："取，捕取也。"《象辞》解取如娶。

译文

六三，不要娶这样的女子，她见了有钱的男人，就不能自重，娶她没有什么好处。

《象传》说："勿用取女"，因为"六三"居于"九二"之上，这是以柔乘刚之象，象征以女虐男，这是悖逆不顺的。

原文

六四：困蒙，吝。

《象》曰："困蒙"之"吝"，独远实也。

译文

六四，陷入蒙昧的困扰中，非常不利。

《象传》说：为蒙昧无知所困扰而不利，是因为孤立独处，远离实际生活。

原文

上九：击蒙。不利为寇，利御寇。

《象》曰："利用御寇"，上下顺也。

译文

上九，打击惩罚蒙昧者吗？攻击过度是不利的，为蒙昧者抵御外来的邪恶诱惑，却是有利的。

《象传》说：以刚强的态度抵御外来的邪恶，对教导者与被教导者都有利，上下相互应援、顺从。

需第五

䷄ 乾下坎上

原文

需[1]。有孚，光亨[2]，贞吉[3]。利涉大川[4]。

注释

①需：有等待之意。本卦卦象是乾下坎上，乾是天，坎是水。②光亨：同元亨，大为顺利。③贞吉：凭着正确而吉利。④利涉大川：比喻能战胜困难，得到好处。涉：蹚水过河。大川：比喻困难。

译文

需卦：有收获，光明亨通，吉利的卜向，有利于涉水渡河。

原文

《彖》曰：需，须也。险在前也，刚健而不陷，其义不困穷矣。"需。有孚，光亨，贞吉"，位乎天，位以正中也[1]。"利涉大川"，往有功也。

注释

①天位：指第五个爻位，由于乾卦九五有"飞龙在天"，《易大传》就把第五个爻位叫"天位"，即最显赫、最尊贵的位置。正中：指上坎"九"这个阳爻居于"五"这个阳位，是得正，在上坎当中，是得中。

译文

《象传》说：需，是等待的意思，前方有险阻。刚健而不贸然前行陷入危险中，从道理上说是不会因陷入困境而找不到出路的。所谓“等待，有收获，光明亨通是吉利的占卜”，是由于上坎的“九”居于“五”这个“天位”，既得正，又得中。所以说“有利于涉江渡河”，因为前进就会取得成功。

原文

《象》曰：云上于天，需。君子以饮食宴乐。

译文

《象传》说：云升上了天，还未成雨，这就是需卦，等待降雨。君子看到此卦象可以饮食安乐地等待时机再行动。

原文

初九：需于郊，利用恒，无咎。

译文

人类生存所需要的物资取自田野，耕种土地需要持久的进行，不会与人们的愿望相违背。

原文

九二：需于沙，小有言，终吉。

译文

此时有若处于沙滩之中，虽然遭到别人的责难，但这也无大碍，只要坚持，最终能吉利。

原文

九三：需于泥[1]。致寇至。

《象》曰：“需于泥”，灾在外也。自我致寇，敬慎不败也。

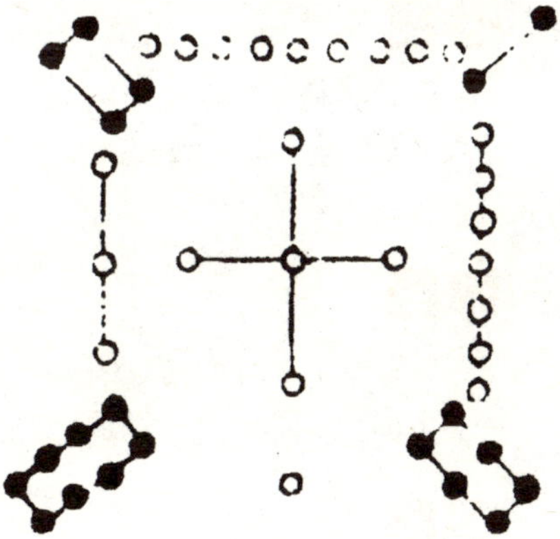

河图　洛书

注释

①泥：泥泞之地。需于泥，喻指人不善择地，身处险恶之境，将会招来意外之祸。

译文

九三，在河边泥泞里等待，可招致寇贼的到来。

《象传》说："在泥泞里等待"，环境险恶，灾难就在附近。尽管是自己招致了寇贼的到来，但只要郑重、谨慎，就不会失败。

原文

六四：需于血，出自穴。

《象》曰："需于血"，顺以听也？

译文

六四，滞留在血泊之中，后来从凶险的陷阱中逃脱出来。

《象传》说："滞留在血泊之中"，能顺应变化并听从摆布吗？

原文

九五：需于酒食，贞吉。

《象》曰："酒食，贞吉"，以中正也。

译文

九五，等待于酒宴上，这是吉祥的占问。

《象传》说："在酒宴上等待是吉祥的占问"，是因为有中正的品德。

原文

上六，入于穴，有不速之客三人来，敬之终吉。

《象》曰："不速之客"来，"敬之终吉"，虽不当位，未大失也。

译文

上六，进入穴居，有三位不速之客到来，好好款待他们，最终就会吉利。

《象传》说：不速之客来了，"好好款待，最后的结果是吉利的"，是说"上六"这一爻虽然所处位置不当，但还是没有大的过失。

讼第六

坎下乾上

原文

讼[1]。有孚窒惕，中吉终凶。利见大人，不利涉大川。

注释

①讼：争讼或战争。卦象是坎下乾上，坎为水，乾为天。

译文

讼卦：有所俘获，但又有阻力。只有提高警惕，才能中途吉利。最终还是凶险。有利于会见达官贵人，不利于涉水渡河。

原文

《彖》曰：讼，上刚下险。险而健，讼。"讼。有孚窒惕，中吉"，刚来而得中也。"终凶"，讼不可成也。"利见大人"，尚中正也。"不利涉大川"，入于渊也。

译文

《彖传》说：讼卦，上面是刚健的乾卦，下面是凶险的坎卦，凶险的坎卦冲击刚健的乾卦，就引起了争讼。"有所俘获，但又有阻力。只有提高警惕，才能中途吉利”，这是因为“九五”、“九二”之爻居于上下卦的中位，象征刚健之人得中正之道。“最终还是凶险”，是说争讼到底失败了。“有利于会见达官贵人”，是因为“九五”、“九二”之得中正之道，必获贵人相助。“不利于涉水渡河”，是说恐会陷入深渊之中。

原文

初六，不永所事，小有言，终吉。

《象》曰：“不永所事”，讼不可长也。虽“小有言”，其辨明也。

译文

初六，做事不能长期坚持下去，受到小的责难，但结果是吉利的。

《象传》说：“做事不能长期坚持”，说明争讼不应该长期争下去。虽然“受到小的责难”，但一般是能明辨是非的。

原文

九二：不克讼，归而逋其邑人三百户。无眚。

译文

争讼失败，回到采邑，。邑中奴隶逃跑了三百户。没有灾祸。

原文

六三：食旧德，贞厉，终吉。或从王事，无成。

《象》曰：“食旧德”，从上吉也。

译文

六三，靠祖先留下的产业过活，占问的是险兆，但最后是吉祥的。如果奉王命办事，则不会有什么成就。

《象传》说：“靠祖先产业过活”，要顺从上方才吉利。

原文

九四：不克讼，复即命渝，安贞，吉。

《象》曰："复即命渝，安贞"，不失也。

译文

九四，争讼不胜，回家后顺应天命，改变初衷，以安于正道而吉利。

《象传》说："争讼不胜，回家后顺应天命，改变初衷，以安于正道"，这不会有过失。

原文

九五：讼，元吉。

《象》曰："讼，元吉"，以中正也。

译文

九五，争讼，占筮遇到这一爻，大吉大利。

《象传》说："争讼，占筮遇到这一爻，大吉大利"，是因为本爻既得中又得正。

原文

上九：或锡之鞶带，终朝三褫之。

译文

君王赏赐官职，但一天之内三次将赐予的官职剥夺。

师第七

䷆ 坎下坤上

原文

师。贞,丈人吉。无咎。

译文

师卦:通过占问来任命统帅是吉利的,没有害处。

原文

《彖》曰:"师"众也。"贞"正也。能以众正,可以王①矣。刚中而应②,行险而顺③,以此毒天下,而民从之④,吉,又何咎矣?

注释

①王(wàng):称王。动词。②刚中而应:九是阳爻,是刚。居于二,是中。"刚中"指九二。根据相应说,二与五相应,"刚中而应"是下坎九二与坤六五相应。从本卦看,是下坎冲击上坤,彼此矛盾,九二又怎么会与六五相应呢?③行险而顺:坎险而坤顺,是说通过险阻,达到顺利。但这里坎与坤是矛盾,如何能通过险阻,达到顺利呢?④毒天下:平定天下。

译文

《彖传》说:师,是群众的意思。贞,是正义的意思。能够使众人归于正道，就可以在天下称王了。刚健中正而又上下相应，行于险地但能通过险阻达到顺利，凭借这些来平定天下，百姓就会顺从，这是吉利的，又哪里有什么害处呢？

原文

初六：师出以律，否臧凶[1]。

《象》曰："师出以律"，失律凶也。

注释

①否臧（pǐ zāng）：否，恶；臧，善。

译文

初六，行军打仗靠的是纪律，纪律不好则无论如何会有凶险。

《象传》说："行军打仗靠纪律"，因为失去了纪律的约束是很危险的。

原文

九二。在师中，吉无咎，王三锡命。

象曰：在师中吉，承天宠也，王三锡命，怀万邦也。

译文

九二：主帅身在军中指挥，吉利，没有灾难。君王三次颁命嘉奖。

原文

六三：师或舆尸[1]，凶。

《象》曰："师或舆尸"，大无功也。

注释

①舆：车辆。这里用作动词，意思是车载。

译文

六三，军队出征，有人载尸而归，这是凶兆。

《象传》说："军队出征，有人载尸而归"，是极没有战功的表现。

原文

六四：师左次，无咎。

《象》曰："左次，无咎"，未失常也。

译文

六四，军队后撤再驻扎下来，这并没有害处。

《象传》说："撤退再驻扎下来并没有害处"，是因为这没有违反行军的常规。

原文

上六：大君有命，开国承家，小人勿用。

《象》曰："大君有命"，以正功也。"小人勿用"，必乱邦也。

译文

上六，君王有命令："卦侯国，封功臣为诸侯大夫，但无才无德的人不要重用。"

《象传》说："大君有命"，是论功行赏。"小人勿用"，是因为

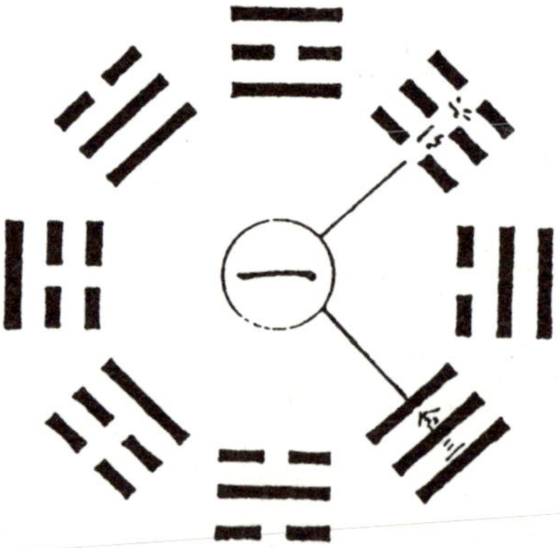

八卦本象之图

用了这些人，必定会覆国乱邦。

比第八

䷇ 坤下坎上

原文

比[①]，吉。原筮[②]。元永贞[③]，无咎。不宁方来[④]，后夫凶[⑤]。

注释

①比：亲比，搞好关系。封象是坤下坎上，坤为地，坎为水，是水在地面上流，地与之亲密无间。②原、筮：根据孔颖达《周易正义》："原"是研究，"筮"是断定。③元永贞：发扬光大永远正确的品德。元，大，发扬光大。永贞，永远正确的品德。④不宁方来：不安宁的国家来朝。宁，安宁。方，邦，国家。⑤后夫：来朝而后到的人。

译文

与人搞好关系是吉利的。研究情况作出判断以后，必须发扬光大诚信这个永远正确的品德去比人，才没有坏处。犯上作乱的人来朝见，后到的便会受到诛戮。

原文

初六：有孚比之[①]，无咎。有孚盈缶，终来有它，吉。

《象》曰：比之初六，有它吉也。

注释

①孚：古“俘”字。比：亲近，安抚。

译文

初六，捕获俘虏，安抚他们，没有害处。用满盆满罐的酒饭去招待俘虏，到头来终有其他的吉祥之处。

《象传》说：比卦中初六之爻，是说还会有其他的吉祥之处。

原文

六二：比之自内，贞吉。

《象》曰：“比之自内”，不自失也。

译文

六二，亲近出自内心，是吉祥的占卜。

《象传》说：“发自内心的亲近”，自己就不会有失误。

原文

六三：比之匪人①。

《象》曰：“比之匪人”，不亦伤乎？

注释

①比：这个比指阿（ē）比，阿私，如结党营私，狼狈为奸。

译文

六三，亲近了不应该亲近的人。

《象传》说：“亲近了不应该亲近的人”，不正是一种悲哀吗？

原文

六四：外比之，贞吉。

《象》曰：外比于贤，以从上也。

译文

六四，跟外邦友好亲近，占问是吉利的。

《象传》说：外部亲附于贤明的国君，像臣下服从于君上。

原文

九五：显比。王用三驱失前禽。邑人不诫，吉。

《象》曰："显比"之吉，位正中也。舍逆取顺，"失前禽"也。"邑人不诫"，上使中也。

译文

九五，光明正大地亲近。君王采用三面包围的方法狩猎，放走在前面跑的禽兽。邑中的百姓对此一点也不惊骇，吉祥。

《象传》说：光明正大地亲近所以吉祥，说明九五之爻处于上卦中位，像人守中正之道。舍弃违逆的，安抚顺从的，这就是有意放走前面禽兽的缘故。"邑中百姓不惊骇"，是因为君王行事端正。

原文

上六：比之无首，凶。

《象》曰："比之无首"，无所终也。

译文

上六，众人亲密团结，但没有首领，会有凶险。

《象传》说："比之无首"，说明群龙无首是没有好结局的。

小畜第九

☰ 乾下巽上

原文

小畜[1]。亨，密云不雨，自我西郊。

注释

①小畜：小有畜养，小有收获。卦象是乾下巽上，乾为天，巽为风，是天正在刮风，有了风就会起云，有了云就会下雨，从“密云不雨”会变成滂沱大雨，所以止九爻辞说“既雨”（已经下雨）。本卦上接比卦，卦与卦之间的联系是紧密的。

译文

事业会顺利进行，就像浓密云层从西方涌来，暂时不下雨，终归会下起大雨一样。

原文

《彖》曰：小畜，柔得位而上下应之，曰小畜。健而巽，刚中而志行，乃“亨”。“密云不雨”，尚往也。“自我西郊”，施未行也。

译文

《彖传》说：小畜，六四之爻居阴位，其余五阳爻和应着它，这是小畜的卦象。下卦乾是刚健，上卦巽是谦逊。下乾九二以阳刚得中，像君子有刚健、谦逊、正中之德，因而前途亨通。“云气密布而不下雨”，说明要经过一段时间的继续努力。“从西郊涌来”，是雨水尚未降下。

原文

初九：复自道，何其咎？吉。

译文

回复到自己的道路，有何可以怪罪？吉利。

原文

九二：牵复，吉。

译文

牵引着回复，吉利。

原文

九三：舆说辐，夫妻反目。

译文

车辆的车辐脱开了，夫妻不和睦。

原文

六四：有孚，血去①惕出②，无咎。

《象》曰：“有孚”，“惕出”，上合志也③。

注释

①血去：从血泊中离去，指避免流血。②惕：警惕，小心。出：离开。③合志：同心。

译文

六四，要有诚心，放弃的危险立场，才能小心地脱离危险，没有坏处。

《象传》说：“具备诚心，警惕地脱离危险”，这是要与君王同心。

原文

九五：有孚挛如[①]。富以其邻[②]。

《象》曰："有孚挛如"，不独富也[③]。

注释

①挛如：像绳子连绵不绝，指诚信的加强。挛（luán）：连绵不绝。如：语末助词。②富以其邻：富及相邻者，指本爻"有孚挛如"是受到六四"有孚"的良好影响。③不独富：不单独富裕。

译文

九五，有了诚心不断加强，自己富了还要帮助相邻者富裕。

《象传》说："有了诚心还不断加强"，是不愿意单独富裕。

原文

上九：既雨既处。尚德载。妇贞厉。月几望，君子征凶。

《象》曰："既雨既处"，德积载也。"君子征凶"，有所疑也。

译文

上九，雨下了又停，现状和谐完满。妇女占问有危险，在快要月圆的日子里，君子出行将会有危险。

《象传》说："雨下了又停"，说明阴柔的力量已经积蓄到了完满的程度。"君子出行有危险"，是因为有所疑惑。

八卦图

履第十

☰☱ 兑下乾上

原文

履：履虎尾，不咥人。亨。

原文

《象》曰：上天下泽，履。君子以辨上下，定民志。

译文

《象传》说：上卦是乾，为天；下卦是兑，为泽，这是履卦的卦象。君子观此卦象，从而分辨出上下尊卑，以端正百姓的思想。

原文

初九：素履，往无咎。

《象》曰："素履"之往，独行愿也。

译文

初九，穿着朴素的鞋子，出门没有害处。

《象传》说：穿着朴素的鞋子出门，象征着以纯洁的行为办事，是说能独立实现自己的志愿。

原文

九二：履道坦坦，幽人贞吉。

译文

“幽人”为隐居之人，是因为九二在下爻“泽”的中间，古代隐居在沼泽中间的人常常是隐居之人，这里用幽人来讲.小心行走在平坦宽广的大道上，幽居的人安于闲逸恬静的生活，意志不被世俗扰乱，结果自然是吉祥的。

原文

六三：眇能视，跛能履。履虎尾，咥人，凶。武人为于大君。

译文

六三在下卦互兑\互离\互巽里面，兑代表口，也代表有开口有缺陷，离代表眼睛，故曰眼睛不好却能看，巽代表大腿，故曰跛了脚却能走路。上面是乾卦，代表老虎，故曰六三踩到九四老虎的尾巴，六三在互兑中，兑代表口，即落入了老虎口中.故曰老虎咬人，征兆凶险。再用军人掌握政权成为国君做比喻，也是凶兆。

原文

九四：履虎尾，愬愬。终吉。

译文

九四也踩到老虎尾巴，但是九四本身自己就是老虎的尾巴，故踩到自己的尾巴，虽然让人害怕，但结果还是吉利的，因为九四是阳爻在柔位，调和一下，没有大问题。

原文

九五：夬履，贞厉。

译文

在履卦里面以柔为主，九五态度过于岗刚强，故曰行为莽撞急躁，占问得到不利之兆。

原文

上九：视履考祥，其旋元吉。

《象》曰："元吉"在上，大有庆也。

译文

上九，行为审慎，考虑周到，这一生都大吉大利。

《象传》说：大吉大利在最上面（上九是最上面的一爻），说明是大有喜庆的。

泰第十一

䷊乾下坤上

原文

泰[①]，小往大来[②]，吉亨。

注释

①泰：通泰，顺利。妥帖，凡事如意。卦象是乾下坤上，乾为天，坤为地，是天在下，地在上，一切颠倒错乱，否塞不通。其反而是泰，是从内外卦相伴随着喜悦说，卦辞是作了清楚交代的。②小往大来：《周易》用"小"指阴，用"大"指阳，这条卦辞"小"指上坤，"大"指下乾。"小往"是上坤离开原来上卦位置去到下卦，"大来"是下乾离开原来下卦位置来到上卦，通过循环，乾下坤上转成乾上坤

下，天在下、地在上，转为天在上、地在下，于是否塞就变成通泰。

译文

泰卦：阴柔在外在上，阳刚在内在下，一切由小而大，于是变得吉利、亨通了。

原文

《象》曰："泰，小往大来，吉亨"，则是天地交而万物通也；上下交而其志同也。内阳而外阴，内健而外顺。内君子而外小人，君子道长，小人道消也。

译文

《象传》说："泰卦：阴柔在外在上，阳刚在内在下，一切由小而大，于是变得吉利、亨通"，这是天地相交，万物相通，上下相交，思想统一。阳在内而阴在外，内卦是乾卦的刚健，外卦是坤卦的柔顺。乾卦象征君子，坤卦象征小人，君子在内而小人在外。君子正气在增长，小人邪气在消亡。

原文

初九：拔茅茹，以其汇，征吉。

译文

初九，将白茅拔起时，由于它们的根系相连，因而把同类者连带拔起。象征出征是吉祥的。

原文

九二：包荒，用冯河。不遐遗，朋亡，得尚于中行。

译文

九二，有包容远大的胸怀，徒步涉越大川巨流。礼贤下士，对远方的贤德之人也不遗弃；不与人结党营私，凡事崇尚中道而行。

原文

九三：无平不陂[1]，无往不复。艰贞无咎。勿恤其孚，于食有福。

《象》曰："无往不复"，天地际也。

注释

①陂（bì）：倾，斜。

译文

九三，没有平地不变成坡地的，没有离去而不复返的，占问说有艰难但没有害处。不要担心被人欺负，填饱了肚子就是有福。

《象传》说："没有离去了而不返回的"，这是天地的法则。

原文

六四：翩翩，不富，以其邻。不戒以孚。

《象》曰："翩翩，不富"，皆失实也。"不戒以孚"，中心愿也。

译文

六四，巧言欺人，将给邻邑带来灾难；不加警戒，就将遇难被俘。

《象传》说：巧言欺人，祸及邻里，是说都共同受了损失。"不加警戒，就将被俘"，这是因为心里太厚道了。

原文

六五：帝乙归妹。以祉元吉。

译文

帝乙嫁出少女，这给他带来福祉和大吉。

原文

上六：城复于隍。勿用师，自邑告命。贞吝。

《象》曰："城复于隍"，其命乱也。

译文

上六，城墙倒塌在护城濠里，不要用兵进攻。从邑中传来命令，占卜不利。

《象传》说："城墙倒塌在护城濠里"，这是邑中传来的命令错乱了。

否第十二

☷☰ 坤下乾上

原文

〔否①，〕否之匪人，不利君子贞。大往小来。

注释

①否（pǐ）：不通泰，不顺利，凡事不如意。卦象是坤下乾上，地在下，天在上，一切顺当合理，应该是泰不是否。其所以是否，是由于上下卦进行循环，上乾折而向下，下坤升而向上，从而变成天在下，地在上，就上下颠倒错乱，否塞不通了。卦名"否"由于卦辞"否之匪人"第一个字是"否"而脱去，今补上。

译文

否卦：为小人所隔阂，这是不利于君子的占卜的，事业也将由盛转衰。

原文

《象》曰:“否之匪人,不利君子贞。大往小来”,则是天地不交而万物不通也。上下不交而天下无邦也。内阴而外阳,内柔而外刚,内小人而外君子。小人道长,君子道消也。

译文

《象传》说:“为小人所隔阂,这是不利于君子占卜的,事也将由盛转衰”,表示天地不相交,万物不相通,君臣隔绝不交感,国家将要衰微灭亡。内卦为阴而外卦为阳,内卦柔顺而外卦刚健。小人在内而君子在外,是小人邪气上升,君子正道消退了。

原文

初六:拔茅茹,以其彙。贞吉亨。

《象》曰:“拔茅”“贞吉”,志在君也。

译文

初六,拔起茅草连着根,从而拔起了它的同类,这是吉利的占卜,亨通。

《象传》说:拔起茅草是吉利的占卜,是因为志向在于为君王效力。

原文

六二:包承,小人吉,大人否,亨。

《象》曰:“大人否亨”,不乱群也。

译文

六二,本爻向下包容着承奉于下的初六,向上包容着承奉于上的六三,一起升而向上,进行循环,从天在下、地在上的泰,转化成地在下、天在上的否,于是小人吉利,大人否塞。但由于否还将转化为泰,并凝定而不移,因此大人终将是顺利的。

《象传》说:“大人否塞了还会顺利”,是不搞乱群体。

原文

六三：包羞。

《象》曰："包羞"，位不当也。

译文

六三，包含着羞耻。

《象传》说：六三，包含着羞耻，是所处的爻位不当。

原文

九四：有命无咎，畴离祉。

《象》曰："有命无咎"，志行也。

译文

九四，顺应天命，没有害处，同类的人会得福。

《象传》说："顺应天命，没有害处"，是志向得以实现了。

原文

九五：休否，大人吉。其亡，其亡！系于苞桑。

《象》曰："大人"之吉，位正当也。

译文

九五，休止停滞不前的闭塞，大人吉利。将要灭亡？将要灭亡？在吉利时要有危惧、警惕之心，国家的命运才会像系在桑树的根上一样牢固。

《象传》说：大人的吉利，是因为位置得当。

原文

上九：倾否，先否后喜。

《象》曰：否终则倾，何可长也？

译文

上九，堵塞的墙倒塌了，先闭塞，后喜悦。

《象传》说：闭塞到了最后就会结束，哪里又能长久呢？

同人第十三

䷌ 离下乾上

原文

〔同人①。〕同人于野②，亨，利涉大川。利君子贞。

注释

①同人：集合人。同：齐，集合。卦象是离下乾上，离为火，乾为天，是皎日的光辉照淡炬火，利于君子守持正固。卦名“乾同日”由于卦辞前两个字是“同人”而脱去，今补上。②野：原野，指“同人”的范围广大。

译文

同人卦：聚集众人在郊外，通顺。有利于涉水渡河，有利于君子的占卜。

原文

《彖》曰：同人，柔得位得中而应乎乾，曰同人。同人曰“同人于野，亨，利涉大川”，乾行也。文明以健，中正而应。君子正也，唯君子为能通天下之志。

译文

《彖传》说：集合人，阴爻六居于下离第二个爻位是得位，在下离中间是得中，这样与上乾九五相呼应，这是同人的卦象。“同人”说：“聚集众人在郊外，通顺，有利于涉水渡河。”这是上乾的行为。离的光明加上乾的刚健，六二得正得中加上与九五呼应，都表现了君子的正道。只有君子能够通晓天下臣民的志愿。

原文

初九：同人于门，无咎。

《象》曰：出门同人，又谁咎也？

译文

初九，聚集众人于门口，将行大事，没有害处。

《象传》说：走出门口与众人打成一片，又会对谁有害处呢？

原文

六二：同人于宗，吝。

《象》曰：“同人于宗”，吝道也。

译文

六二，聚同族于宗庙，这不好。

《象传》说：“聚同族于宗庙”，这是狭隘的宗法原则。

原文

九三：伏戎于莽。升其高陵，三岁不兴。

《象》曰：“伏戎于莽”，敌刚也。“三岁不兴”，安行也。

译文

九三，军队埋伏在密林里，并且占领了制高点，但多年不能取胜。

《象传》说：“军队埋伏在密林”，因为敌人太强大。“多年不能取胜”，怎能有所作为呢？

原文

九四：乘其墉[1]，弗克攻，吉。

《象》曰："乘其墉"，义弗克也。其"吉"，则困而反则也。

注释

①墉（yōng）：城墙。

译文

九四，登上了敌人的城墙，暂时没能攻下来，但终将吉利。

《象传》说："登上敌人的城墙"，从道义上讲应该停止攻城，之所以吉利，是因为敌方受困，我方回到道义原则上，不去进攻。

原文

上九，同人于郊，无悔。

《象》曰："同人于郊"，志未得也。

译文

上九：聚众在郊外，没有悔恨。

《象传》说："聚众在郊外"，是志愿没有实现。

大有 第十四

☰ 乾下离上

原文

大有①，元亨。

注释

①大有：一切都有。一切都在控制之下，是"同人，先号

咷而后笑，大师克相遇”的结果。卦象是乾下离上，乾为天，离为日，是日在天上，无所不照。同人卦离在乾下，成为光天化日之下的炬火，本卦离在乾上，成为照耀长空的皎日。《周易》八个经卦所象征的事物基本上有一定，但随着环境不同，也可以不同，不过不能远离卦象，例如离为火，引申为日，也与火有关。

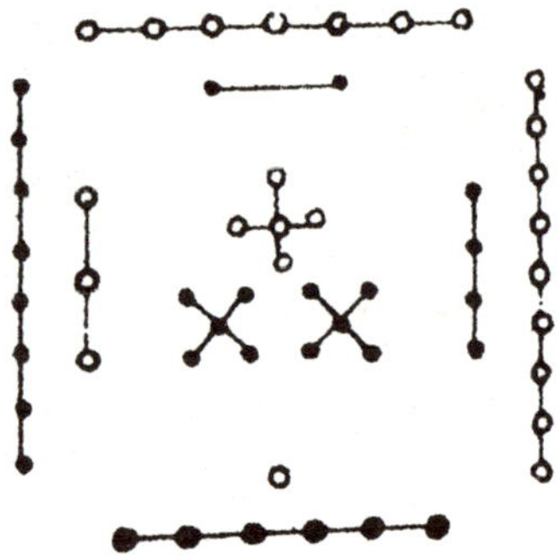

洛书

译文

大有卦：大吉大利，大为亨通。

原文

《象》曰：大有，柔得尊位，大中而上下应之[1]，曰大有。其德刚健而文明，应乎天而时行，是以元亨。

注释

①柔：指本卦唯一的一个阴爻六五。尊位：指第五个爻位。大中：伟大的时间。

译文

《象传》说：大有卦，是柔顺的阴爻“六”得到了爻位“五”这个尊贵的位置，并在伟大的中间，上下卦五个阳爻都与它相应，这就是大有的卦象。下乾的品德刚健，上离的品德文明，上离顺应着下乾而按时运行，所以大大地亨通。

原文

初九：无交害，匪咎。艰则无咎。

《象》曰：大有初九，无交害也。

译文

初九，不要互相伤害，就没有害处，在艰难之时也不会有害处。

《象传》说：大有卦的初九一爻，讲的是不要互相伤害。

原文

九三：公用亨于天子，小人弗克。

《象》曰："公用亨于天子"，小人害也。

译文

九三，天子宴请王公，小人不能参加。

《象传》说："天子宴请王公"，小人如果参加，将是国家的祸害。

谦第十五

艮下坤上

原文

谦[①]，亨，君子有终[②]。

注释

①谦：一般指谦退或谦虚，本卦的谦也有这些内容，但必须指出的是它带上了浓厚的权术色彩，例如六五"利用侵伐，无不利"，上六"利用行师，征邑国"，都很明显地是要用谦做幌子去侵伐和征邑的。因此，在本卦"谦"更多地具有

以退为进和以后取先的性质。卦象是艮下坤上，艮为山，坤为地，山本来在地之上，现在却处在地之下，是谦的象征。②终：指好的结果。

译文

由于精心地运用了以退为进和以后取先的策略，事业将非常顺利，君子是会有好结果的。

通过谦，君子可以亨通而有好结果，暗示着谦具有以退为进和以后取先的性质，有得于卦义。

原文

《象》曰：谦"亨"：天道下济而光明，地道卑而上行。天道亏盈而益谦，地道变盈而流谦，鬼神害盈而福谦，人道恶盈而好谦。谦尊而光，卑而不可逾，"君子"之"终"也。

译文

《象传》说：谦逊，则通顺。属于天的规律是向下使万物成长，大地一片光明，属于地的规律是地位低下而地气上升，去补天的规律的不足。天的规律是使满盈受到亏损，使虚缺的得到增补，地的规律是改变满盈现状，增益那虚缺的。鬼神是损害满盈而降福于谦逊的，人们是厌恶盈而爱好谦逊的。谦逊的品德使处于尊位的更显光荣，使处于卑微的不可欺压。这就是君子获得好结果的原因。

原文

初六：谦谦君子，用涉大川，吉。

《象》曰："谦谦君子"，卑以自牧也。

译文

初六，谦而又谦的君子，凭着这种品德涉水过河，也是吉利的。

《象传》说："谦而又谦的君子"，用谦卑来约束自己。

原文

六二：鸣谦，贞吉。

《象》曰："鸣谦，贞吉"，中心得也。

译文

六二，有声望而谦让，是吉利的占卜。

《象传》说："有声望而谦让是吉利的占卜"，因为六二之爻居下卦中位，像人守中正之道。

原文

九三：劳谦，君子，有终，吉。

《象》曰："劳谦"君子，万民服也。

译文

九三，勤劳而谦逊，这样的君子会有好的结果，是吉利的。

《象传》说："勤劳而谦逊的君子"，令万民敬仰服从。

原文

上六：鸣谦。利用行师，征邑国。

《象》曰："鸣谦"，志未得也。可用"行师，征邑国"也。

译文

上六，有声望而谦让，有利于出兵来征讨邑国。

《象传》说："有声望而谦逊"，说明心志还没有完全实现，如果能感化邑国得以行其志，就可以出兵征讨邑国。

豫第十六

䷏ 坤下震上

原文

豫[1]，利建侯行师[2]。

注释

①豫：快乐。卦象是坤下震上，坤为地，震为雷，是雷已经突破地面，在空中自在飞腾。本卦上接谦卦，两个卦的联系是紧凑的。②利建侯：与屯卦“利建虞”相同，都是先建立一个诸侯国作为根据地。行师：派兵出征。

译文

利于先建立一个诸侯国作为根据地，然后派兵去消灭敌人。

原文

《彖》曰：豫，刚应而志行。顺以动，豫。豫顺以动，故天地如之，而况“建侯行师”乎？天地以顺动，故日月不过而四时不忒。圣人以顺动，则刑罚清而民服。豫之时义大矣哉！

译文

《彖传》说：豫卦的结构为五阴爻和应一阳爻，象征着弱者服从强者，强者能够贯彻实行自己的意志。下卦为坤为地，意味着顺，上卦为震为雷，意味着动，豫卦的意义是顺时而动。正因为豫卦的意义在于顺时而动，所以天地尚能随和其意，何况建国封侯、出兵打仗这类事呢？天地由于顺时而动，所以日月运行无误，四时循环没有差错。圣人由于顺时而动，因而刑罚清明，万民服从。豫卦的"顺时而动"的意义真是伟大啊！

原文

六二：介于石，不终日，贞吉。

《象》曰："不终日，贞吉"，以中正也。

译文

六二，夹在石块中，幸而不到一天就获救，占卜吉利。

《象传》说："不到一天就获救是吉利的征卜。"是因为六二之爻居下卦中位，像人得中正之道。

原文

六三：盱豫[1]，悔，迟有悔。

《象》曰："盱豫"，"有悔"，位不当也。

注释

①盱（xū）：睁大眼睛的样子。

译文

六三，眼睁睁地看着人家生活安乐，后悔没努力；现在迟迟不去努力，将来就会后悔。

《象传》说：眼睁睁地看着人家生活安乐，后悔没努力，是因为六三之爻居于阳位，是所处位置不恰当，像人之行事与所处地位不相称一样。

原文

九四：由豫，大有得，勿疑，朋盍[1]簪。

《象》曰："由豫，大有得"，志大行也。

注释

①盍（hé）簪：像头发括束于簪子似地聚合。盍，即

"合"。

译文

九四，由于安乐、愉悦而大有收获，别怀疑，朋友就聚集在身边。

《象传》说："由于安乐、愉悦而大有收获"，说明志愿在很大程度上实现了。

原文

上六：冥豫[1]成，有渝[2]无咎。

《象》曰："冥豫"在上，何可长也？

注释

①冥：昏暗。②成有渝：成事又有变化。

译文

上六，昏天黑地地贪图享乐，如果这种做法有所改变，就没有灾祸。

《象传》说："昏天黑地地贪图享乐"居于上位，又如何能长久呢？

随第十七

䷐ 震下兑上

原文

随[1]，元亨，利贞[2]。无咎。

注释

①随：追求。卦象是震下兑上，震为雷，兑为泽，是雷被压抑在泽下，与屯卦雷被压抑在水下相同，两个卦可以合起来看。要摆脱压抑，必须以退为进，以后取先，因此屯卦初九强调“盘桓”，本卦初九要求“官有渝”，这样才可以取得胜利。②元亨，利贞：本卦《象传》用“大亨贞”解释，可见乾卦《文言》的四德说可以成立。

译文

要使事业大为亨通，只有运用正确策略才能得到好处，没有坏处。

正确策略指以退为进和以后取先，也就是初九的“官有渝”。

原文

《彖》曰：随，刚来而下柔，动而说，随。大“亨”，贞无咎，而天下随时。随时之义大矣哉！

译文

《彖传》说：随卦，下卦为震，震为刚，上卦为兑，兑为柔，这是阳刚居于阴柔之下；君王下礼臣民，臣民拥戴君王，君王有所举动，臣民乐于听从，因而卦名为随。大通顺，占问无害，天下万事在于随时而行，随时而行的意义重大啊！

原文

初九：官有渝，贞吉。出门交有功。

《象》曰：“官有渝”，从正吉也。“出门交有功”，不失也。

译文

初九，官职有所变化，吉利的卜问，出门朋友互相帮助有好处。

《象传》说：“官职有所变化”，是归从正道则吉利。“出门互相帮助有好处”，没有违背原则。

原文

六二：系小子，失丈夫。

《象》曰："系小子"，弗兼与也。

译文

六二，是拴住小孩，失去大人吗？

《象传》说："拴住小孩"，是因为不能大人和小孩同时得到，所得到的只能是小孩。

原文

六三：系丈夫，失小子。随有求得，利居贞。

《象》曰："系丈夫"，志舍下也。

译文

六三，拴住大人，失去小孩。只要去追求就会得到，有利于占卜居处。

《象传》说："拴住大人"用意是要舍弃小的。

原文

九四：随有获，贞凶。有孚在道以明，何咎？

《象》曰："随有获"，其义凶也。"有孚在道"，明功也。

译文

九四，追逐名利有了收获，卜问得凶兆。谨守诚信，严守正道，又有什么害处呢？

《象传》说："追逐名利有了收获，这种人遭遇凶险是常理中的事。"谨守诚信，严守正道"，这是明察事理的结果。

原文

九五：孚于嘉，吉。

《象》曰："孚于嘉，吉"，位正中也。

译文

九五，因诚信得到赞扬，吉利。

《象传》说："因诚信得到赞扬，吉利。"是本爻居上卦中位，地位中正。

原文

上六：拘系之，乃从维之。王用亨于西山[1]。

《象》曰："拘系之"，上穷也。

注释

①亨：通"享"，祭祀之礼。

译文

上六，将他拘禁起来，再用绳索捆绑，君王在西山设祭祀之礼。

《象传》说："将他拘禁起来"，因为上六居全卦的顶点，像人处于穷困之境地。

蛊第十八

䷑ 巽下艮上

原文

蛊[1]，元亨。利涉大川。先甲三日，后甲三日[2]。

注释

①蛊（gǔ）：弊乱。卦象是巽下艮上，巽为风，艮为山。是风朝着山吹，吹掉一些枯枝败叶，使山保持完美，用来比喻刚直不阿的大臣帮助君王改正错误，使之盛德常新。②先甲三日，后甲三日：指“七日来复”的自然规律。“先甲三日”是辛，“后甲三日”是丁，再加上甲，一共七天。从辛到丁，“终则有始”，不断循环，盛了会衰，衰了会盛。

译文

蛊卦：大吉大利，有利于涉水渡河，但须在甲前三日之辛日，甲后三日之丁日。

原文

《象》曰：蛊，刚上而柔下，巽而止，蛊。蛊“元亨”，而天下治也。“利涉大川”，往有事也。“先甲三日，后甲三日”，终则有始，天行也。

译文

《象传》说：蛊卦，是阳刚的艮卦在上面，阴柔的巽卦在下面，柔顺而静止，就是蛊卦。蛊卦是能使事业大为顺利而天下得到治理的。“利于涉水渡河”，是向前会有所作为。“先甲三日，后甲三日”，是结束了又开始，这是天道运行的规律。

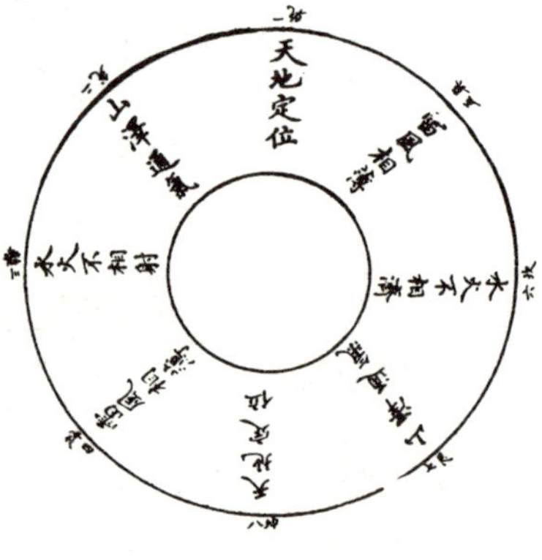

连山易卦位合河图

原文

初六：干父之蛊[①]。有子考，无咎。厉终吉。

《象》曰：“干父之蛊”，意承考也。

注释

①干：借为“贯”。《尔雅·释诂》：“贯，习也。”习：即继承。

译文

初六，继承父业，有孝子，父亲没有害处。即使暂时危险，最后也会吉利。

《象传》说："继承父业"，意思是继承父亲的遗志。

原文

九三：干父之蛊，小有悔，无大咎。

《象》曰："干父之蛊"，终无咎也。

译文

九三，继承父业，会有小小的懊悔，但没有大害。

《象传》说："继承父业"，最终没有害处。

原文

六四：裕父之蛊，往见吝。

《象》曰："裕父之蛊"，往未得也。

译文

六四，扩展父亲的事业，施行起来会遇到困难。

《象传》说："扩展父亲的事业"，施行中没有很大的收获。

原文

上九：不事王侯，高尚其事。

《象》曰："不事王侯"，志可则也。

译文

上九，不为王侯办事，以高尚的气节为从事之本。

《象传》说："不为王侯办事"，这种志向可作为法则。

临第十九

䷒ 兑下坤上

原文

临[1]，元亨，利贞，至于八月有凶。

注释

①临：治理，指君王治理人民。卦象是兑下坤上，兑为泽，坤为地。

译文

临卦：大吉大利，吉利的占卜。到了八月可能有凶险。

原文

《彖》曰：临，刚浸而长，说而顺。刚中而应。大亨以正，天之道也。“至于八月有凶”，消不久也。

译文

《彖传》说：临卦，是下兑的两个阳爻的阳气在逐步向上升，态度和悦而温顺，九二这个阳爻居于下兑中间与上坤六五这个阴爻呼应，所谓大为亨通在于坚守正道，是说这是天道必然如此。“到了八月，可能有凶险，是阳气消散，不能长久的缘故。”

原文

初九：咸临[1]，贞吉。

《象》曰："咸临，贞吉"，志行正也。

注释

①咸：通"感"。

译文

初九，以感化的政策治民，吉利的占卜。

《象传》说："以感化的政策治民，占卜吉利"，是因为品德、行为都很端正。

原文

九二：咸临，吉，无不利。

《象》曰："咸临，吉，无不利"，未顺命也。

译文

九二，以温和的方法治民，吉利，没有不吉利的。

《象传》说："以温和的方法治民，吉利，无不吉利"，是说百姓还没有顺从听命。

原文

六三：甘临，无攸利。既忧之，无咎。

《象》曰："甘临"，位不当也。"既忧之"，咎不长也。

译文

六三，用讨好的方法来治民，没有什么好处，如果有所忧悔而改正，就没有什么害处。

《象传》说："用讨好的方法治民"，正如六三阴爻居阳位不当一样，这样的君王不称职。"如果能有所忧悔而改之"，就坏不到哪里去。

原文

六四：至临，无咎。

《象》曰："至临，无咎"，位当也。

译文

六四，亲自理国治民，没有害处。

《象传》说："亲自理国治民，没有害处"，是正如六四阴爻居阴位一样，这样的君王才称职。

原文

上六：敦临，吉，无咎。

《象》曰："敦临"之吉，志在内也。

译文

上六，用敦厚之道来治民，吉利，没有害处。

《象传》说：敦厚之道治民，吉利，是因为敦厚的志向存于内心。

观第二十

䷓ 坤下巽上

原文

《彖》曰：大观在上，顺而巽，中正以观天下，观。"盥而不荐。有孚颙若"，下观而化也[①]。观天之神道，而四时不忒[②]。圣人以神道设教，而天下服矣。

注释

①化：感化。②忒：《集解》引虞翻曰："忒，差也。"

译文

《彖传》说：伟大的观卦在上面，温顺而又谦逊，六二和九五都以居中得正观察天下。观卦卦辞"盥而不荐，有孚颙若"，是说天下人看到君王的虔诚而受到感化。观察到天的神秘规律，四时的运行井然有序没有差错。圣人用神秘的规律来建立教化，使天下人服从。

原文

初六：童观，小人无咎，君子吝。

《象》曰："初六，童观"，小人道也。

译文

初六，以儿童的幼稚眼光看问题，对小人来说没有害处，对君子来说就不好了。

《象传》说：初六讲的"童观"，是小人的做法。

原文

六二：窥观，利女贞。

《象》曰："窥观""女贞"，亦可丑也。

译文

六二，一孔之见，这是有利于女人的占问。

《象传》说：一孔之见，对于女人是自然的道理，但也是可丑的行为。

原文

六三：观我生进退。

《象》曰："观我生进退"，未失道也。

译文

六三，观察自己的所作所为，对比判断去留进退。

《象传》说："观察自己的所作所为，对比判断进退"，这样就不会违背生活的准则。

原文

六四：观国之光[①]。利用宾于王。

《象》曰："观国之光"，尚宾也。

注释

①国之光：国家最可宝贵、最可炫耀的东西。

译文

六四，观察国家的光辉景象，利于到朝廷做帝王的宾客。

《象传》说："观察国家大事、政绩风俗"，这样的表现应该到朝廷为宾。

原文

九五：观我生，君子无咎。

《象》曰："观我生"，观民也。

译文

九五，观察自己的所作所为，对于君子来说没有害处。

《象传》说："观察自己的所作所为"，就像是在观察天下万民一样。

原文

上九：观其生，君子无咎。

《象》曰："观其生"，志未平也。

译文

上九，观察他人的所作所为，对于君子来说没有坏处。

《象传》说："观察他人的所作所为"，是还没摸清，不踏实。

噬嗑第二十一

☲☳ 震下离上

原文

噬嗑①，亨。利用狱。

注释

①噬嗑（shì hè）：噬是咀嚼东西，嗑是嘴巴合拢。嘴巴合拢正是为了要咀嚼东西，因此噬嗑就是要咀嚼东西把嘴巴合拢。从本卦卦爻卦辞看，特别是从标明一卦之义的卦辞看，明明白白地是说本卦是讲治狱，于是噬嗑就成了治狱的比喻。

译文

噬嗑卦：事业会顺利，以治狱得到好处。

原文

《彖》曰：颐中有物，曰噬嗑。"噬嗑"而"亨"，刚柔分，动而明。雷电合而章。柔得中而上行，虽不当位，"利用狱"也。

译文

《彖传》说："口里有东西在咀嚼叫噬嗑。噬嗑而亨通，下震的刚和上离的柔是分开的，下震运动，上离光明，下震的雷和上离的电合起来很灿烂辉煌，六二居下震中间，向上运动成为六五，虽然不当位，但却利于治狱。

原文

初九：屦校灭趾，无咎。

《象》曰："屦校灭趾"，不行也。

译文

初九，拖着脚枷遮住脚趾，没有大祸。

《象传》说："拖着脚枷遮住脚趾"，不能行走。

原文

六二：噬肤灭鼻，无咎。

《象》曰："噬肤灭鼻"，乘刚也。

译文

六二，咬皮肤遮住了鼻子，没有害处。

《象传》说："咬皮肤遮住了鼻子"，六二阴爻居于初九阳爻之上。

原文

六三：噬腊肉，遇毒①，小吝无咎。

《象》曰："遇毒"，位不当也。

注释

①腊（xī）：干肉。

译文

六三，吃干肉中了毒，是小问题，没有大碍。

《象传》说："中毒"，是因为六三阴爻居阳位，位置不当。

原文

上九：何校灭耳①，凶。

《象》曰："何校灭耳"，聪不明也。

注释

①何：通“荷”，负荷。

译文

上九，戴着木枷遮住耳朵，这是凶险的。

《象传》说：“戴着木枷遮住耳朵”，使听觉不清楚。

贲第二十二

离下艮上

原文

贲[1]，亨。小利有攸往。

注释

①贲（bì）：就人说事，就是用花言巧语迷乱别人，卦象是离下艮上，离为火，艮为山，是火向山上烧，其势熊熊，陆离璀璨。

译文

贲卦：通顺，有所往则可得小利。

原文

《彖》曰：贲，“亨”，柔来而文刚，故“亨”；分刚上而文柔，故“小利有攸往”，天文也。文明以止，人文也。观乎天文，以察时变。观乎人文，以化成天下。

译文

《象传》说：贲卦，通顺。此卦下卦为离，表示阴柔，上卦为艮，表示阳刚，所以是阴柔文饰阳刚，因此通顺。分别刚柔，刚为主而柔为衬，所以说“有所往则可得小利”。刚柔交错，这是天象。下离的文明遇上上艮的静止，这是人文现象。观察天象，可以察觉到时序的变化。观察社会人文，就可用来教化天下人。

原文

初九：贲其趾，舍车而徒。

《象》曰：“舍车而徒”，义弗乘也。

译文

初九，把脚打扮得漂漂亮亮，丢掉车子去步行。

《象传》说：“丢掉车子去步行”，是从道理上说不应该坐车。

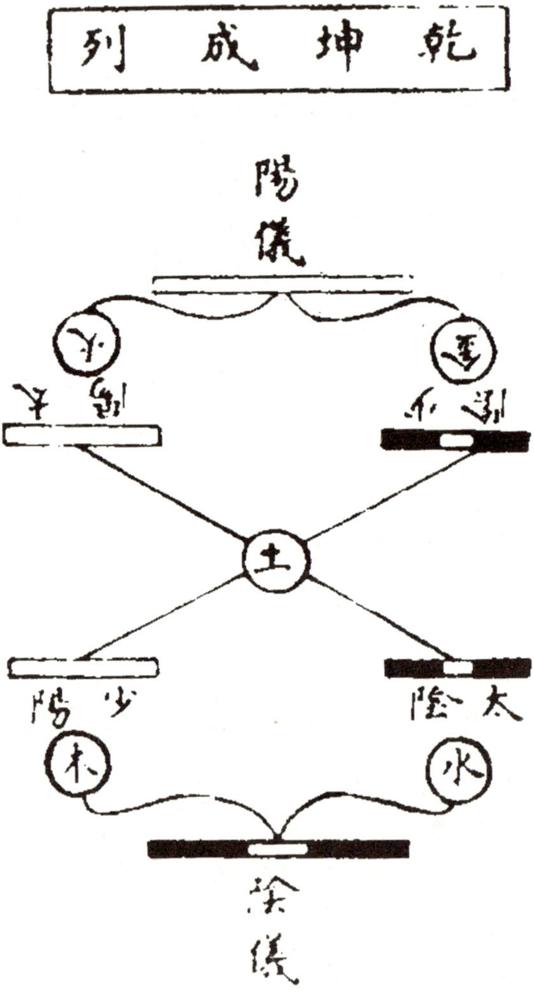

两仪生四象这象

原文

六二：贲其须。

《象》曰："贲其须"，与上兴也。

译文

六二，把胡须修饰一番。

《象传》说：胡须修饰一番，是指六二要跟着在上的阳爻活动，以与其保持一致。

原文

九三，贲如濡如，永贞吉。

《象》曰："永贞"之"吉"，终莫之陵也。

译文

九三，适当的打扮，光彩照人，对长久之事的占卜是吉利的。

《象传》说：对长久之事占卜的吉利，是说没有谁能超过、侵犯他。

原文

六四：贲如皤如①。白马翰如②，匪寇婚媾。

《象》曰：六四当位，疑也。"匪寇婚媾"，终无尤也。

注释

①皤如：洁白的样子。②翰如：像飞的样子。

译文

六四，打扮得纯洁白净、像白马如飞一般的，不是盗寇，而是来娶亲的。

《象传》说：六四，地位既恰当，心中又有可疑。"不是盗寇，而是来娶亲的"，终究没有过错。

原文

上九：白贲，无咎。

《象》曰："白贲，无咎"，上得志也。

译文

上九，文饰成纯白的，没有害处。

《象传》说："文饰成纯白的，没有害处"，是因为上九居一卦之首位，实现了志愿，志得意满。

剥第二十三

䷖ 坤下艮上

原文

剥，不利有攸往。

译文

剥卦：不利于有所往。

原文

《象》曰：剥，剥也，柔变刚也。"不利有攸往"，小人长也。顺而止之，观象也。君子尚消息盈虚，天行也。

译文

《象传》说：剥卦，说的是剥落，是下坤的柔要改变上艮的刚。"不利于有所往"，是由于小人的势力在增长。顺应形势而停止活动，委曲求全，这是观察卦象得出的结论。君子应该尊重消长盈虚的规律，因为这是天道。

原文

初六:剥床以足,蔑。贞凶。

《象》曰:"剥床以足",以灭下也。

译文

初六,去掉床脚,不必占卜,这是凶险之象。

《象传》说:"去掉床脚",这是毁灭了下面的根基。

原文

六二:剥床以辨,蔑。贞凶。

《象》曰:"剥床以辨",未有与也。

译文

六二,去掉床的栏板,不必占问,这是凶险之象。

《象传》说:"去掉床的栏板",说的是没有人帮助。

原文

六三:剥之,无咎。

《象》曰:"剥之,无咎",失上下也。

译文

六三,去掉整个床,但没有害处。

《象传》说:"去掉整个床,但没有害处",是因为已经和上下脱离了。

原文

六四:剥床以肤[1],凶。

《象》曰:"剥床以肤",切近灾也。

注释

①肤:指席子。

译文

六四，去掉床上的垫席，是凶险之象。

《象传》说："去掉床上的垫席"，是说灾难就近在眼前。

原文

上九：硕果不食。君子得舆，小人剥庐。

《象》曰："君子得舆"，民所载也。"小人剥庐"，终不可用也。

译文

上九，硕大的果实未被吃掉，君子乘坐华丽的车子，小人的茅屋毁坏得不蔽风雨。

《象传》说："君子乘坐华丽的车子"，这是老百姓沉重的负担。"小人的茅屋破败得不蔽风雨"，这种情况终究难保太平。

复第二十四

䷗ 震下坤上

原文

复[①]，亨。出入无疾，朋来无咎。反复其道，七日来复。利有攸往。

注释

①复：回复，往返。卦象是震下坤上，震为雷，坤为地，下震初九由剥卦上九以循环回来，所以卦名叫做复，也就是

回复。

译文

复卦：亨通。出入都没有疾病，朋友来访也没害处，在路上来回，七天就可打一个来回，有所往则有利。

原文

《彖》曰：复"亨"，刚反。动而以顺行，是以"出入无疾，朋来无咎"。"反复其道，七日来复"，天行也。"利有攸往"，刚长也。复其见天地之心乎？

译文

《彖传》说：复卦象征亨通，内卦为震为阳，外卦为坤为阴，阳刚反复于内。循环运动是符合规律的，所以复卦卦辞说"出入无疾，朋来无咎，反复其道，七日来复"，这是天道的规律。"有所往则有利"，是因为阳刚之气在渐长。从本卦的卦象应该看出了天地运行的实质了吧。

原文

初九：不远复。无祇悔，元吉。

《象》曰："不远"之"复"，以修身也。

译文

初九，出门不远就返回，没有大的过错，非常吉利。

《象传》说：出门不远就返回，比喻能及时反省，注意修身。

原文

六二：休复，吉。

《象》曰："休复"之吉，以下仁也。

译文

六二，美满地返回，吉利。

《象传》说：美满地返回是吉利的，是由于能够让贤给有仁德的人。

原文

六三：频复，厉无咎。

《象》曰："频复"之"厉"，义无咎也。

译文

六三，多次返回，会有危险吗？没有害处。

《象传》说：多次返回会有危险吗？从道理上来说是没有害处的。

原文

六四：中行独复。

《象》曰："中行独复"，以从道也。

译文

六四，中途独自返回。

《象传》说："中途独自返回"，这是遵循道义的表现。

原文

上六：迷复。凶，有灾眚①。用行师，终有大败。以其国君凶，至于十年不克征。

《象》曰："迷复"之凶，反君道也。

注释

①灾眚(shěng)：灾祸。

译文

上六，迷失回来的路，凶险，有灾祸，出兵打仗最终将大败，因为这个，国君都会有凶险，以至于十年不能出征。

《象传》说：迷失回来的路而遭遇凶险，是因为违反了做君王的道理。

无妄第二十五

䷘ 震下乾上

原文

无妄，元亨利贞。其匪正，有眚，不利有攸往。

译文

无妄卦：大大的通顺，占问有利。如果行为不正将有灾祸，出门则不利。

原文

初九：无妄，往吉。

《象》曰："无妄"之往，得志也。

译文

初九，不妄行非正，外出吉利。

《象传》说：不轻举妄动的行动，是能达到目的的。

原文

六二：不耕获，不菑畬[①]，则利有攸往？

《象》曰："不耕获"，未富也。

注释

①菑畬（zī yú）：菑，初垦的荒地；畬，耕作多年的良田。

译文

六二，不耕种就想有收获，不开垦荒地就想有熟地，难道真有这种好事吗？

《象传》说：不耕种就想收获，是不能带来财富的。

原文

六三：无妄之灾，或系之牛，行人之得，邑人之灾。

《象》曰："行人"得牛，"邑人"灾也。

译文

六三，无故意外遭灾：有人把牛拴在外面，过路人把牛牵走了，村里人因此倒霉。

《象传》说：过路人牵走了牛，这就是给村里人带来了灾祸。

原文

九四：可贞，无咎。

《象》曰："可贞，无咎"，固有之也。

译文

九四，称心的占卜，没有害处。

《象传》说："称心的占卜，没有害处"，是因为事情本来就可行的缘故。

原文

九五：无妄之疾，勿药有喜。

《象》曰："无妄"之药，不可试也。

译文

九五，无故意外患病，不要吃药也会好。

《象传》说：无故服药，是不可以轻易尝试的。

原文

上九：无妄行有眚，无攸利。

《象》曰：无妄之行，穷之灾也。

译文

上九，不要轻易妄为，将要有灾祸，没有什么好处。

《象传》说：谬妄的行为，是绝望碰壁的表现。

大畜第二十六

☶☰ 乾下艮上

原文

大畜[1]，利贞。不家食，吉[2]。利涉大川。

注释

①大畜：本卦卦象是巍峨的高山（上艮）在广阔无垠的天宇（下乾）包容之中，原所畜者大，所以叫“大畜”，与“小畜”是暂时畜小，要以后才发展到畜大不同。要怎样才能“大畜”，下乾三条爻辞明确交代必须竭力畜聚刚健正气的通理。

②不家食吉：指武人应该食禄于朝廷，做勤勉忠顺之臣，而不是放恣于自己的家门之内。

译文

要凭着为君王服务的正确行动得到好处，是食禄于朝，而不是享用于家就吉利，这样才有利于度过困难。

原文

《象》曰：大畜，刚健笃实辉光，日新其德，刚上而尚贤，能止健，大正也。“不家食，吉”，养贤也。“利涉大川”，应乎天地。

译文

《象传》说：大畜卦，内卦为乾为天，性刚健，外卦为艮为山，性笃实。天光山气交相辉映，天天有新气象。犹如阳刚舒展，贤人得位，行为刚健，适可而止，正所谓品德伟大，行为贞正。“不靠家吃饭就吉利”，是说国家要供养贤人。“有利于涉水渡河”，是说能够顺应自然规律。

原文

初九：有厉，利已。

《象》曰：“有厉，利已”，不犯灾也。

译文

初九，将有危险，停下来就有利。

《象传》说：“将有危险，停下来就有利”，是因为这样就不会触犯灾难。

原文

九三：良马逐，利艰贞，曰闲舆卫，利有攸往。

《象》曰：“利有攸往”，上合志也。

译文

九三，良马奔驰，路途虽然艰难，但占问有利。每天练习驾车和防卫之术，有利于有所往。

《象传》说：“利于有所往”，是由于这样符合“上九”的意志。

原文

六四：童牛之牿[①]，元吉。

《象》曰:六四"元吉",有喜也。

注释

①牿(gù):缚于牛角以防触人的横木。

译文

六四,在小公牛的角上架横木,大吉大利。
《象传》说:六四的吉利,是由于有喜庆的事。

原文

上九:何天之衢,亨。
《象》曰:"何天之衢",道大行也。

译文

上九,哪里有像天空一样四通八达的道路,便会亨通吉利。
《象传》说:"有像天空一样四通八达的道路",是说行事如

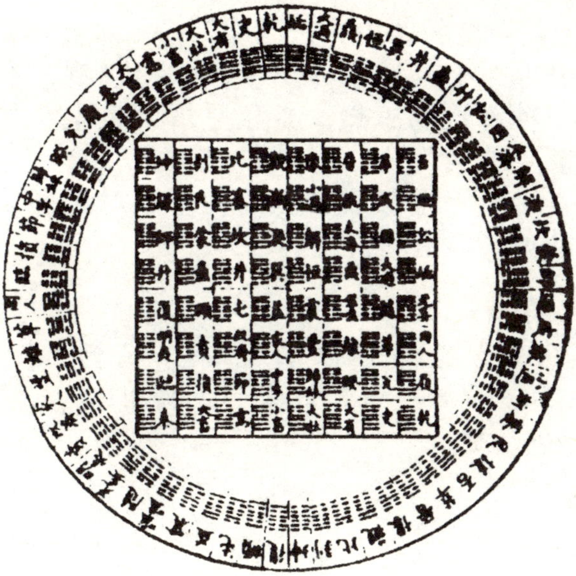

伏羲先天图

得正道则畅通无阻。

颐第二十七

☶☳ 震下艮上

原文

颐[1],贞吉。观颐,自求口实[2]。

注释

①颐(yí):口的两边,也叫腮帮子。本卦用口在嚼东西牵动两腮,引出一个人要自力更生去求得食物,不能寄托希望于别人这一种可贵的思想。卦象是震下艮上,震为雷,艮为山,是巨雷要破山而出,必须自己努力,自力更生。本卦进一步明确表示要完全依靠自己的力量,对大畜卦是一个重要补充。②口实:口里的食物。

译文

颐卦:占卜吉利,其所以合于正道而吉利,是看到一个人腮帮子在动,口里食物是自己找来的。提出"自求口实",是要自力更生,是全卦中心。

原文

《象》曰:颐"贞吉",养正则吉也。"观颐",观其所养也。"自求口实",观其自养也。天地养万物,圣人养贤以及万民。颐之时大矣哉!

译文

《象传》说:"颐卦,占卜吉利",是说养生用正道才会吉利。"观察养生之道",就是观察他是怎么养生的。天地养育万物,圣人养活贤人和万民,养育的因时制宜太重要了!

原文

初九:舍尔灵龟[①],观我朵颐,凶。

《象》曰:"观我朵颐",亦不足贵也。

注释

①灵龟:上古占卜用的龟,它的甲壳可以卜吉凶,故称灵。

译文

初九,丢弃你自己神龟般的灵性,观看我鼓起面颊咀嚼食物,凶险。

《象传》说:"观看我鼓起面颊咀嚼食物",也是不可取的行为。

原文

六二:颠颐,拂经于丘颐。征凶。

《象》曰:六二"征凶",行失类也[①]。

注释

①类:原则。

译文

六二,颠倒养育常理,违背养生之道,为了生计,而在山坡上抢劫他人,这是凶险的。

《象传》说:六二说抢劫他人凶险,是因为这种行径违反了道义原则。

原文

六三:拂颐,贞凶,十年勿用[①],无攸利。

《象》曰："十年勿用"，道大悖也。

注释

①十年勿用：永远不能这么办。十年，指很长时间。

译文

六三，违反养生之道，占卜凶险，永远也别这样做，因为没有什么好处。

《象传》说："之所以永远也别这样做"，是因为那是与道义原则相背离的事。

原文

六四：颠颐，吉。虎视眈眈，其欲逐逐，无咎。

《象》曰："颠颐"之"吉"，上施光也。

译文

六四，颠倒养生之道，但六四在初九之下，以上养下，象征着下民求得养育，所以吉祥。像老虎一样圆睁双眼注视着，专心一意，要求不断，欲望急迫，也没有害处。

《象传》说：颠倒养生之道之所以吉利，是由于君子施舍甚广足以养民。

原文

上九：由颐，厉吉，利涉大川。

《象》曰："由颐，厉吉"，大有庆也。

译文

上九，顺其养生常道，即使有危险，也将最终吉利，有利于涉水渡河。

《象传》说："顺从养生常理，即使危险也将吉利"，这是喜庆的大事。

大过第二十八

䷛ 巽下兑上

原文

大过[1]，栋桡[2]。利有攸往，亨。

注释

①大过：本卦卦象是巽下兑上。巽为木，兑为泽，是汪洋大水压在一根木头上，把木头压弯，真是太过分了，因此卦名叫“大过”。从卦辞看，这根木头不是一般的木头，而是“栋”，是屋梁，大水把屋梁压弯。②栋桡：屋梁被压弯。阮元《十三经校勘记》：“挠各本皆作桡，是挠字误也。”今改“挠”作“桡”。

译文

大过卦：屋梁被压弯，利于有所往，亨通。

原文

《彖》曰：大过，大者过也。“栋桡”本末弱也。刚过而中，巽而说行[1]，“利有攸往”乃“亨”。大过之时大矣哉！

注释

①巽而说：逊顺而悦乐。

译文

《象传》说：大过卦，是说大得过头了。屋梁被压弯了，就是因为横梁中部过粗，而两头太细，不堪负荷。本卦阳爻多，阳刚过盛又居中位，像人得贞正之道，有谦逊和悦的品德。有所往则有利，所以亨通。大过的时机意义重大啊！

原文

初六：藉用白茅①，无咎。

《象》曰："藉用白茅"，柔在下也。

注释

①藉：祭祀时用的铺垫。

译文

初六，祭祀时用白茅草垫祭品，没有害处。

《象传》说："祭祀用白茅草垫祭品"，是说柔软的东西铺在下面，就像初六阴爻居下位一样。

原文

九三：栋桡，凶。

《象》曰："栋桡之""凶"，不可以有辅也。

译文

九三，屋梁被压弯了，凶险之象。

《象传》说：屋梁被压弯而凶险，是无法补救、无法支撑的。

原文

九四：栋隆①吉，有它吝。

《象》曰："栋隆之""吉"，不桡乎下也。

注释

①隆：高耸。这里为挺直之意。

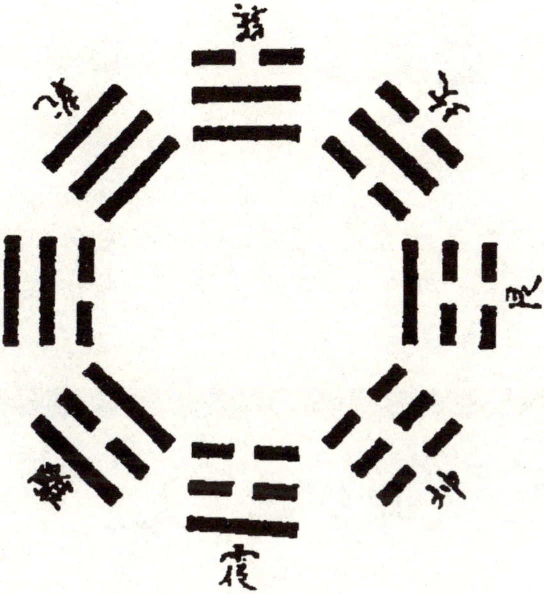

八卦纳甲图

译文

九四，屋梁挺直高架，吉利，出现其他变故，则有麻烦。

《象传》说：屋梁挺直高架之所以吉利，是由于正梁不弯曲向下。

原文

九五：枯杨生华，老妇得其士夫，无咎无誉。

《象》曰："枯杨生华"，何可久也！"老妇"、"士夫"，亦可丑也！

译文

九五，枯槁的杨树开了花，年老的妇人得到年轻的丈夫，既没有坏处，也没有称誉。

《象传》说："枯槁的杨树开了花"，如何可以长开不谢？"年老的妇人配上年轻的丈夫"，这也可以说是一件丑事。

原文

上六：过涉灭顶，凶。无咎。

《象》曰："过涉"之"凶"，不可咎也。

译文

上六，过河时被水淹没，凶险，但没有灾祸。

《象传》说：过河遭遇凶险，事已至此，责备也没有用了。

坎第二十九

䷜ 坎下坎上

原文

习坎①，有孚。维心亨，行有尚。

注释

①习坎：重重叠叠的坎，一个坑接着一个坑。坎是坑，能陷人，因此意义又是险。坑里经常积水，因此又象征水。习是重叠，本卦下卦是坎，上卦也是坎，因此叫"习坎"。

译文

习坎卦：以诚信来维系人心，通顺，所作所为会得到尊重。

原文

《彖》曰：习坎，重险也。水流而不盈，行险而不失其信。"维心亨"，乃以刚中也。"行有尚"，往有功也。天险，不可升也。地险，山川丘陵也。王公设险以守其国。坎之时用大矣哉！

译文

《象传》说：习坎，指险阻重重。水在流动而不蓄满在一处，走在险处而不失去诚信。所谓"维系人心，亨通"，是由于阳刚之爻居于上下卦的中位。"所作所为受人尊重"，是说有所往而有成功。天险，是不可攀登的。地险，是山川和丘陵。王公高筑城郭、深挖壕沟，设法来保卫国家。险的功用有时是巨大的啊！

原文

六三：来之坎坎，险且枕①。入于坎窞，勿用。

《象》曰："来之坎坎"，终无功也。

注释

①枕：枕叠，重叠。

译文

六三，来到有坑的地方，坑危险而且重叠。跌进了一个坑再跌进另一个坑，任何行动都无济于事。

《象传》说：来到很多坑的地方，终于没有功绩。

原文

六四：樽酒①簋贰②用缶③，纳约自牖，终无咎。

《象》曰："樽酒簋贰"，刚柔际也。

注释

①樽（zūn）：古代盛酒的器具。②簋（guǐ）：古代盛食物的器具。③缶（fǒu）：大肚小口的瓦器。

译文

六四，一壶酒，两碗饭，用瓦器盛着，从窗户送进取出，最终没有坏处。

《象传》说："一壶酒，两碗饭"，是阳刚和阴柔相连接。

原文

九五：坎不盈，祇既平[1]，无咎。

《象》曰："坎不盈"，中未大也。

注释

①祇：当作"坻"（dǐ），小山坡。

译文

九五，坑难道还没有填满吗？小山坡已经挖平了，这没有坏处。

《象传》说："坑没有填满"，是由于中正之道还没有弘大。

离第三十

离下离上

原文

离，利贞，亨。畜牝牛吉。

译文

离卦：有利的占卜，通顺，饲养母牛是吉利的。

原文

《象》曰：离，丽也。日月丽乎天，百谷草木丽乎土。重明以丽乎正，乃化成天下。柔丽乎中正，故"亨"，是以"畜牝牛吉"也。

译文

《彖传》说：离是依附。日月依附着天空，百谷草木依附着土地，下离和上离两重光明依附着中正之道，就能教化天下。柔顺依附着中正，所以亨通，因此养母牛是吉利的。

原文

初九：履错然，敬之无咎。

《象》曰："履错"之"敬"，以辟咎也。

译文

初九，走起路来很莽撞，要认真改正，才没有坏处。

《象传》说：对于走路莽撞要认真改正，是为了避免灾害。

原文

九三：日昃之离①，不鼓缶而歌，则大耋之嗟②，凶。

《象》曰："日昃之离"，何可久也？

注释

①昃（zè）：太阳偏西。②耋（dié）：80岁老人。

译文

九三，碰上太阳偏西，不敲打着陶土乐器唱歌，却为人老而叹息，这是凶险的。

《象传》说："碰上太阳偏西"，这怎能长久呢？

原文

九四：突如其来如。焚如，死如，弃如。

《象》曰："突如其来如"，无所容也。

译文

九四，突然降临一场灾难，房子烧了，人死了，成了一片废墟。

《象传》说："灾难突然降临"，使人们没有容身之处。

原文

上九:王用出征,有嘉折首。获匪其丑[①],无咎。

注释

①丑：类，指首恶的同类。

译文

上九,君王出兵打仗,立下新功,斩杀了敌首,俘获了他们许多不同类的人,这没有害处。

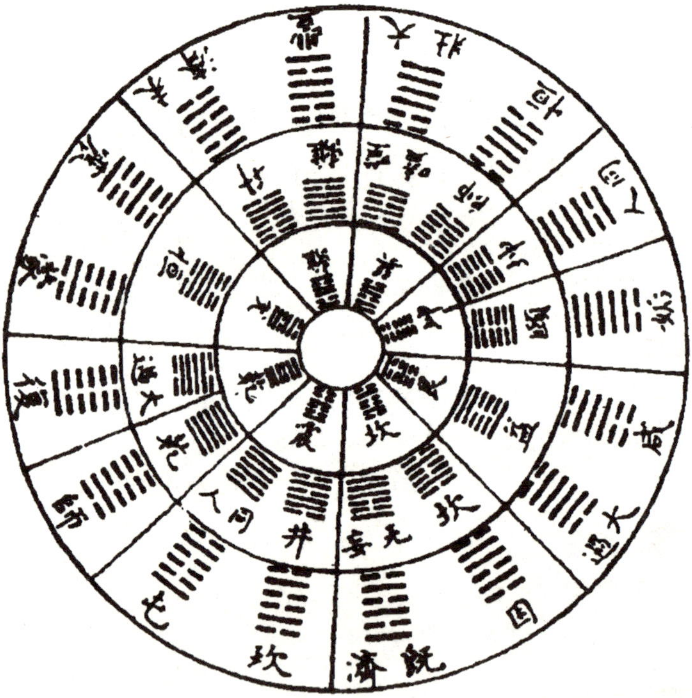

序上下经图

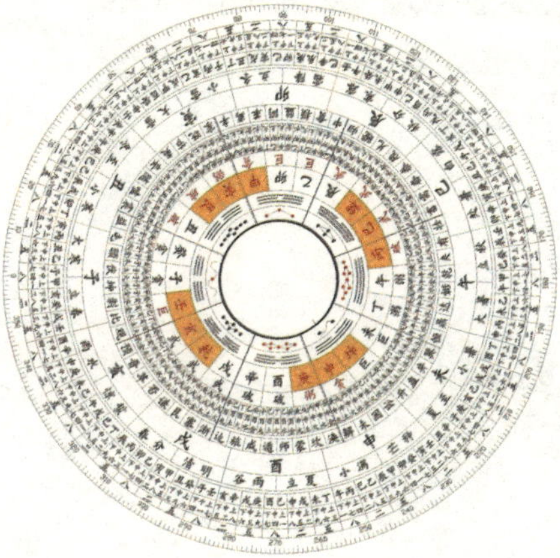

周易·下经

咸第三十一

䷞ 艮下兑上

原文

咸[1]，亨，利贞。取女吉[2]。

注释

①咸：本卦卦爻辞的“咸”都应该讲成感，感是动。下艮三爻三个咸字都明显地是说动，上兑的两个咸也要训动，这在分析爻辞时可以了解得更清楚。原来本卦是写男子追求女人，下艮为阳刚，象征男子；上兑为阴柔，象征女人。男追求女在我国古代往往用来比喻明君寻求贤臣民，这种行为不能急躁，只能安详，因此下艮三爻都是说急躁必凶，安详则吉。②取：同娶。女：比喻贤臣。

译文

事业会顺利达成，凭着寻求贤臣的正确行动得到好处，有了贤臣帮助是吉利的。

原文

《彖》曰：咸，感也。柔上而刚下，二气感应以相与，止而说，男下女，是以“亨，利贞。取女吉”也。天地感而万物化生，圣人感人心而天下和平。观其所感，而天地万物之情可见矣。

译文

《象传》说：咸是感动。兑以阴柔居于上卦，艮以阳刚居于下卦，于是阴阳二气以感应而相互结合。艮为止，兑为悦，是"止而悦"。艮为男，兑为女，是"男下女"。所以卦辞说"亨通，占卜吉利，娶女吉利"。天地相互交感而万物产生，圣人用德行来感动人心，使天下太平，看了这些交感或感动的情况，天地万物的情况都可以看到了。

原文

初六：咸其拇。

《象》曰："咸其拇"，志在外也。

译文

初六，感触其大脚趾。

《象传》说："感触其大脚趾"，是说志向在于到外面去。

原文

六二：咸其腓，凶，居吉。

《象》曰：虽"凶，居吉"，顺不害也。

译文

六二，感触其小腿，凶险。安居不动，吉祥。

《象传》说：即使"凶险，但安居不动则吉利"，是说顺着道理来就不会有害处。

原文

九三：咸其股，执其随，往吝。

《象》曰："咸其股"，亦不处也。志在随人，所执下也。

译文

九三，感触其大腿，固执地跟从别人，这样下去会有麻烦。

《象传》说："感触其大腿"，说明不安所居。一心只想跟从

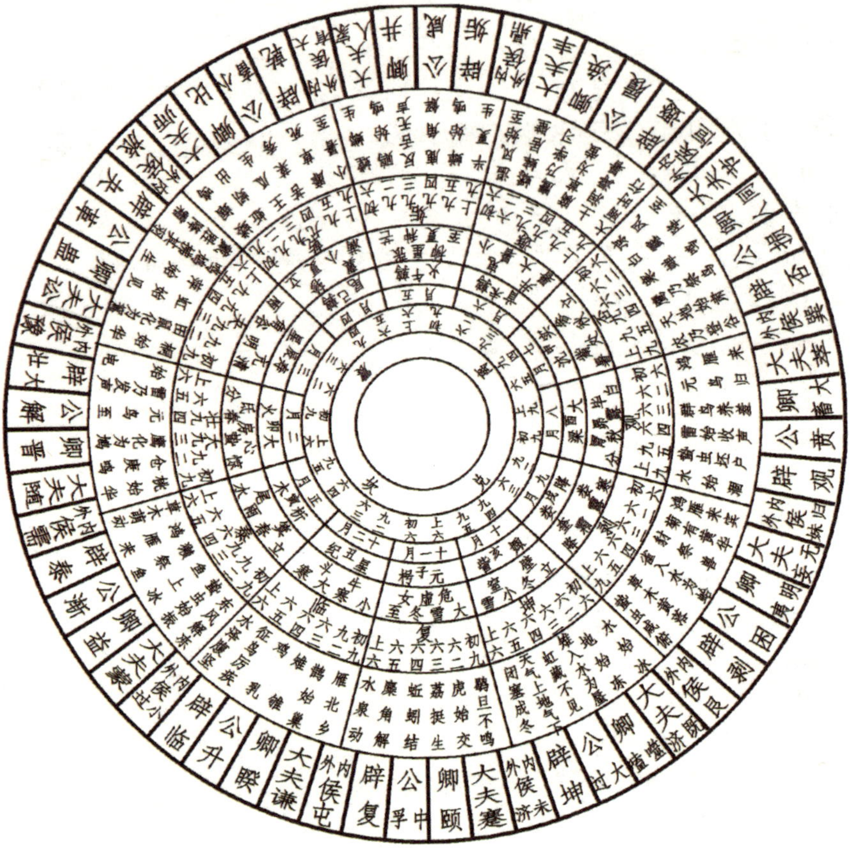

杭氏卦气六日七分图

别人，说明所持主张低下。

原文

九四：贞吉悔亡。憧憧往来①，朋从尔思②。

《象》曰："贞吉悔亡"，未感害也。"憧憧往来"，未光大也。

注释

①憧憧：往来不停。②思：语末助词。

译文

九四，占卜吉利，无所悔恨。纷至沓来，朋友都乐于和你交往。

《象传》说："占卜吉利，无所悔恨"，是因为没有感到有害处。"纷至沓来"，但还是不够光大，交友狭窄。

原文

上六：咸其辅颊舌。

《象》曰："咸其辅颊舌"，滕口说也[①]。

注释

①滕：通"腾"，腾扬。

译文

上六，感触其脸颊和舌头。

《象传》说："感触其脸颊和舌头"，这是在玩弄口舌。

恒第三十二

䷟ 巽下震上

原文

恒，亨[①]，无咎，利贞。利有攸往。

注释

①恒：本卦卦象是巽下震上，巽为风，震为雷，是风起而乘雷，象征臣起而事君。六五爻辞的“妇人”指臣，“夫子”指君，也是用男女表示君臣。卦名的“恒”训“常”，结合卦爻辞看，指用柔顺事君的常道，“妇人”是以顺为正的。本卦要求大臣柔顺，君王刚强，六五“恒其德贞”，“妇人吉，夫子凶”，就是说经常有德的方面保持柔顺，对大臣就吉利，对君王就凶险，正是指出大臣应该柔顺以事君王，而君王则应该奋其乾纲以驾驭臣下。

译文

大臣要柔顺地事奉君王，才会亨通，没有过失，还将凭着以柔顺事君的正道得到好处，做什么都顺利。

本卦主要讲大臣应该用柔顺之道事君，卦辞是就着大臣说的。

原文

《彖》曰：恒，久也。刚上而柔下，雷风相与，巽而动：刚柔皆应，恒。“恒，亨。无咎，利贞”，久于其道也。天地之道，恒久而不已也。“利有攸往”，终则有始也。日月得天而能久照，四时变化而能久成。圣人久于其道，而天下化成。观其所恒，而天地万物之情可见矣。

译文

《彖传》说：恒的意义是永久。卦象是阳刚的震雷在上，阴柔的巽风在下，雷与风相联系，谦逊而敢为，阳刚的爻与阴柔的爻都相互呼应，这些构成了恒卦。恒卦卦辞说，“亨通，没有祸害，占卜吉利”，是长久保持恒久之道的结果。天地的情况是恒久而不停止的。“有利于有所往”，说明事物变化发展是周而复始的。日月高高地在天上能永远照耀大地，春、夏、秋、冬四时不断变化能永远使万物成长，圣人坚持恒久之道，天下就能遵从教化，形成好的风俗。只要观察研究恒久之道，对天地万物的情况都可以清楚地了解了。

原文

初六：浚恒，贞凶，无攸利。

《象》曰："浚恒"之凶，始求深也。

译文

初六，深掘不止，占卜凶险，没有任何好处。

《象传》说：深掘不止之所以凶险，是因为开始就要求深刻。

原文

九三：不恒其德，或承之羞。贞吝。

《象》曰："不恒其德"，无所容也。

译文

九三，不能长久地保持德行，就可能蒙受耻辱，占卜不利。

《象传》说："不能长久保持德行"，就会落到无处容身的地步。

原文

九四：田无禽。

《象》曰：久非其位，安得禽也！

译文

九四，打猎没有得到鸟兽。

《象传》说：很久都不是居于应该居处的位置，如何能得到鸟兽呢？

原文

上六：振恒，凶。

《象》曰："振恒"在上，大无功也。

译文

上六，长久地动荡，凶险。

《象传》说：统治阶层长久动荡，必将没有一点功绩。

遁第三十三

☶☰ 艮下乾上

原文

遁①，亨，小利贞②。

注释

①遁（dùn）：逃走。从六二“执之用黄牛之革，莫之胜说”看，“遁”不能像某些人所讲的是“隐遁”。②小利贞：凭着不逃走的正确得到小好处。

译文

遁卦：处境会顺利，凭着停止遁逃的正确得到小的好处。遁逃就不会“亨”，“小利贞”是指停止遁逃说。

原文

《彖》曰：遁“亨”，遁而亨也。刚当位而应，与时行也。“小利贞”，浸而长也。遁之时义大矣哉！

译文

《彖传》说：“遁卦通顺”，是说隐退则通顺，由于阳爻九居于阳位五，还与六二呼应，这是顺应时势的结果。“占问有小利”，是指初六和六二两阴爻渐渐地在向上发展。遁卦的适时隐遁的意义是重大的啊！

原文

初六：遁尾，厉，勿用有攸往。

《象》曰："遁尾"之"厉"，不往何灾也？

译文

初六，隐退在最后面，危险，不要有所往。

《象传》说：隐退在最后面有危险，不前往有什么灾难呢？

原文

六二：执之用黄牛之革，莫之胜说[1]。

《象》曰：执"用黄牛"，固志也。

注释

①说：通"脱"。

译文

六二，好比被黄牛皮带子捆绑住，无法解脱。

《象传》说：好比被黄牛皮带子捆绑住，是意志坚定不变的表现。

原文

九三：系遁，有疾厉。畜臣妾吉。

《象》曰："系遁"之厉，有疾惫也。"畜臣妾吉"，不可大事也。

译文

九三，羁留隐退者，像有病一样危险，收养男女奴仆，吉利。

《象传》说：羁留隐退者的危险，犹如生了病又疲惫不堪。"收养男女奴仆，吉利"，是说不可贸然行事。

原文

九四：好遁，君子吉，小人否。

《象》曰:君子“好遁”,“小人否”也。

译文

九四,喜好隐退,君子吉利,小人不吉利。

《象传》说:君子喜好隐退,小人追求功名利禄,不甘退隐。

原文

九五:嘉遁,贞吉。

《象》曰:“嘉遁,贞吉”,以正志也。

伏羲八卦方位

译文

九五，退隐得恰当，值得赞美，占问吉利。

《象传》说："退隐恰当而值得赞美，占问有利"，是因为表现了正当的志向。

原文

上九：肥遁[1]，无不利。

《象》曰："肥遁，无不利"，无所疑也。

注释

①肥：通"蜚"，即"飞"。

译文

上九，远走高飞那样隐退，没有什么不好的。

《象传》说："远走高飞那样隐退，没有什么不好的"，是说隐退者没有任何疑虑。

大壮第三十四

䷡ 乾下震上

原文

大壮[1]，利贞。

注释

①大壮：本卦卦象乾下震上，乾为天，震为雷，是雷在天上轰鸣，其势雄壮，所以叫大壮。

译文

大壮卦：吉利的占卜。

原文

《彖》曰：大壮，大者壮也。刚以动，故壮。大壮"利贞"，大者正也。正大而天地之情可见矣。

译文

《彖传》说：大壮，意为大者强壮。乾刚而震动，所以强壮。大壮卦辞说"吉利的占卜"，是大者刚正的缘故。从"正大"的道理可以看出天地万物的情状。

原文

初九：壮于趾。征凶有孚。

《象》曰："壮于趾"，其"孚"穷也。

译文

初九，脚趾强壮，大步向前有危险。但还是有收获。

《象传》说："脚趾强壮"，虽有收获，但信用全无。

原文

九三：小人用壮，君子用罔。贞厉，羝羊触藩[①]，羸其角。

《象》曰："小人用壮"，君子罔也。

注释

①羝（dī)羊：公羊。藩：篱笆。

译文

九三，小人相争靠的是强壮，君子不会这样。占卜有危险，公羊用角撞篱笆，结果角被卡住了。

《象传》说：小人靠强壮，君子则不这样做。

原文

上六：羝羊触藩，不能退，不能遂。无攸利，艰则吉。

《象》曰："不能退，不能遂"，不详也。"艰则吉"，咎不长也。

译文

上六，像公羊用角撞篱笆，不能后退，不能前进，没有好处。要艰苦克制才吉利。

《象传》说："不能后退，不能前进"，这不周详。"要艰苦克制才吉利"，这样灾难才不会长久。

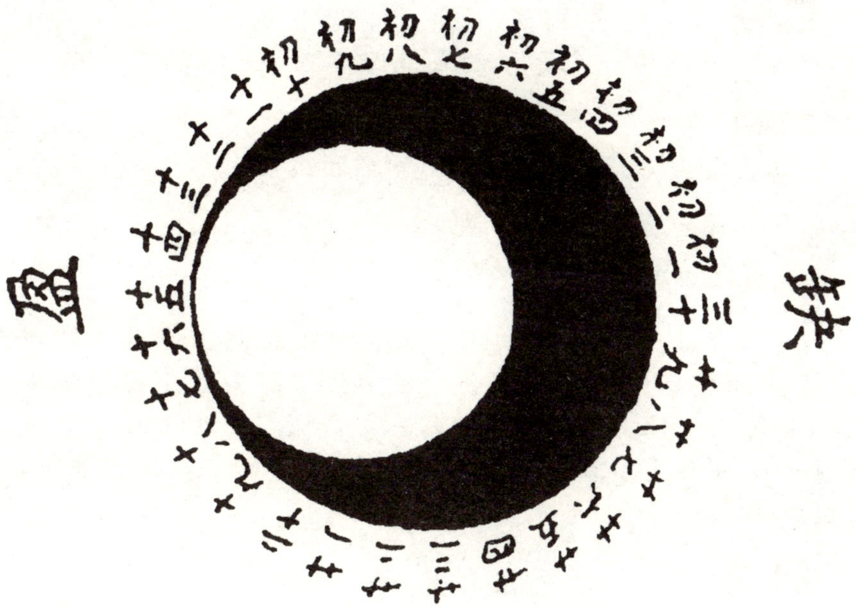

天上月轮图

晋第三十五

䷢ 坤下离上

原文

晋，康侯用锡马蕃庶，昼日三接。

译文

晋卦：康侯用成王赐予的良马来繁殖，一天交配三次。

原文

《彖》曰：晋，进也。明出地上，顺而丽乎大明。柔进而上行，是以"康侯用锡马蕃庶，昼日三接"也。

译文

《彖传》说：晋，是进取的意思。上离光明出现在下坤地面上，下坤的柔顺依附着上离伟大的光明。阴柔之爻由初位排列上升至第五爻位，所以晋卦的基本结构是"柔进而上行"，象征着臣子的事业蒸蒸日上，所以"康侯用成王赐予的良马繁殖，一天交配三次"。

原文

初六：晋如摧如，贞吉。罔孚。裕无咎。

《象》曰："晋如摧如"，独行正也。"裕无咎"，未受命也。

译文

初六，前进着，摧毁着，占卜吉利，没有任何俘获，宽宏处之没有害处。

《象传》说："前进着，摧毁着"，因为将帅能坚守正道。"宽宏处之没有害处"，是说还没有接到王命。

原文

六二：晋如愁如。贞吉。受兹介福，于其王母①。

《象》曰："受兹介福"，以中正也。

注释

①王母：祖母。

译文

六二，前进着，围困着，占问是吉利的。将从祖母那里获得大福。

《象传》说："获得大福"，是由于六二之爻居下卦中位，像人得中正之道。

原文

六三：众允，悔亡。

《象》曰："众允"之志，上行也。

译文

六三，得到众人的信任，悔恨就没有了。

《象传》说：大家都有互相信任的志向，就能够达到上进的目的。

原文

上九：晋其角，维用伐邑，厉吉无咎。贞吝。

《象》曰："维用伐邑"，道未光也。

译文

上九，进攻敌人，必须较量双方的力量，可以考虑攻打敌人的城邑，这是危险还是吉利呢？没有害处吗？占卜得凶兆。

《象传》说："考虑攻打敌人的城邑"，但王道还不够光大。

明夷第三十六

䷣ 离下坤上

原文

明夷①，利艰贞。

注释

①明夷：光明受到损害。明：光明。夷：损害。本卦卦象是离下坤上，离为日，坤为地，是光明的红日受到厚地压抑。晋卦明出地上，本卦明入地中，卦象相反，内容也相反。

译文

明夷卦：要艰苦守住为君的正道才有利。

原文

《彖》曰：明入地中，"明夷"。内文明而外柔顺，以蒙大难，文王以之。"利艰贞"，晦其明也。内难而能正其志，箕子以之。

译文

《象传》说：光明的太阳进入地中，是明夷的卦象。内部保持文明，而外表表现为柔顺，因而遭受灾难，周文王就像这样。“占问艰难之事吉利”，光明被隐晦，在朝内遭到灾难，但能够坚持正道，至死不渝，箕子就像这样。

原文

初九：明夷[1]于飞垂其翼。君子于行，三日不食。有攸往，主人有言。

《象》曰：“君子于行”，义不食也。

注释

①明夷：《周易通义》载：“明夷，借为鸣鶇，即鸣叫的鹈鹕。”

译文

初九，光明的品德受到损害，像垂下翅膀飞行的鹈鹕。君子出行途中，已经有三天没吃饭了。有所往，必遭主人的谴责。

《象传》说：“君子在出行途中”，按照礼节道义是不贪图禄食的。

原文

六二：明夷（夷）于左股。用拯马壮吉。

《象》曰：六二之“吉”，顺以则也。

译文

六二，鸣叫着的鹈鹕伤着左大腿，但只要援救合适，就能恢复健壮，吉利。

《象传》说：六二所谓的吉利，是由于顺乎情势，合于道理的缘故。

原文

九三：明夷于南狩，得其大首。不可疾贞。

《象》曰：“南狩”之志，乃大得也。

译文

九三，鹈鹕在君子南方的猎区受伤，并想要取其首领，不可急躁才能吉利。

《象传》说：有了在南方狩猎的决心，就会大有收获。

原文

六四：入于左腹。获明夷之心于出门庭。

《象》曰："入于左腹"，获心意也。

译文

六四，用刀子刺进左边腹部，得到了鹈鹕的心，走出了大门。

《象传》说："用刀子刺进左边腹部"，是为了得到心。

原文

上六：不明晦。初登于天，后入于地。

《象》曰："初登于天"，照四国也；"后入于地"，失则也。

译文

上六，太阳消失了，黑暗来了。太阳起初升上天，后来没入于地下。

《象传》说："起初升上天"，光明照耀着天下所有的侯国。"后来没入于地下"，是由于失去了法度和原则。

家人第三十七

䷤ 离下巽上

原文

家人，利女贞。

译文

家人卦：妇女占问有利。

原文

《彖》曰：家人，女正位乎内，男正位乎外。男女正，天地之大义也。家人有严君焉，父母之谓也。父父、子子，兄兄、弟弟，夫夫、妇妇，而家道正。正家，而天下定矣。

译文

《彖传》说：家人卦，六二阴爻居内卦中位，像妇女在内，以正道守其位，九五阳爻居外卦中位，像男人在外，以正道守其位。男外女内皆能以正道守其位，这是天地间的大道义。一家人有严厉的家长，是说父母。做父亲的要像父亲，做儿子的要像儿子，做哥哥的要像哥哥，做弟弟的要像弟弟，做丈夫的要像丈夫，做妻子的要像妻子，这样家里就会搞好，搞好一家，天下也就安定了。

原文

初九：闲有家①，悔亡。

《象》曰："闲有家"，志未变也。

注释

①闲：治理。

译文

初九，治家时防范家庭出现意外事故，就不会有悔恨。

《象传》说："治家要防范家庭出现意外"，是指防患于未然。

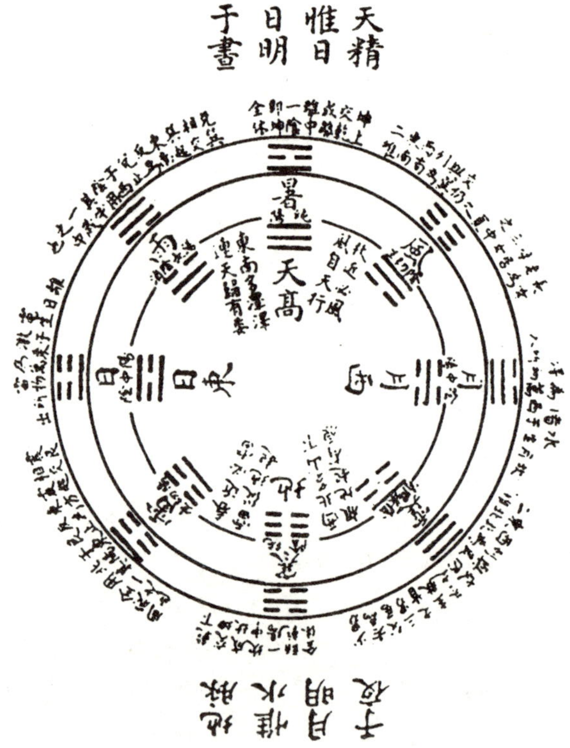

体用一源卦图

原文

六二:无攸遂,在中馈,贞吉。

《象》曰:六二之"吉",顺以巽也。

译文

六二,没有过失,在家中搞好膳食,这是吉利的占卜。

《象传》说:六二的吉利,是因为六二居九二之下,像妇人对男人顺从而又谦逊。

原文

六四:富家,大吉。

《象》曰:"富家,大吉",顺在位也。

译文

六四,幸福家庭,大吉大利。

《象传》说:"幸福家庭,大吉大利",是因为六四阴爻居九五阳爻之下,像家人和顺而各守其职。

原文

九五:王假有家,勿恤,吉。

《象》曰:"王假有家",交相爱也。

译文

九五,君王以国为家,不必忧虑,吉利。

《象传》说:"君王以国为家",君臣会互相爱护。

原文

上九:有孚威如。终吉。

《象》曰:"威如"之吉,反身之谓也。

译文

上九,有诚信又有威严,终会吉利。

《象传》说：威严的吉利，是因为能严格要求自己。

睽第三十八

䷥ 兑下离上

原文

睽，小事吉。

译文

睽卦：做小事吉利。

原文

《象》曰：睽，火动而上，泽动而下，二女同居，其志不同行。说而丽乎明①，柔进而上行，得中而应乎刚②。是以“小事吉”。天地睽而其事同也③，男女睽而其志通也，万物睽而其事类也。睽之时用大矣哉！

注释

①说而丽乎明：本卦上卦为离，离为日，像君王；下卦为兑，兑义为悦，像臣下以和悦顺从的态度服侍君王。②得中而应乎刚：此以六五、九二爻象、爻位为据。六五阴爻，为柔，处上卦中位；九二阳爻，为刚，处于下卦中位，所以“得中”。六五阴爻与九二阳爻，两同位之爻，刚柔相应，所以说“应乎刚”。③睽：乖离，分开，划分。事：

功，功能。

译文

《彖传》说：睽卦的矛盾表现为下离的火向上烧，上兑的水向下注，又像离和兑这两个女即同住在一起。下兑的和悦依附着上离的光明，阴爻六五居于上离中间，与下兑九二阳爻相呼应，因此“做小事情吉利”。天阳地阴交感而生万物，男女性别不同，才能彼此结合生儿育女，万物具形而不同，才能各具秉性而成物类。异中有同，同中有异，异同矛盾的作用是十分重大的啊！

原文

初九：悔亡。丧马。勿逐，自复。见恶人，无咎。

《象》曰：“见恶人”，以辟咎也。

译文

初九，不必悔恨：丢失了马匹，不必寻找它，它自会回来；碰到恶人，没有害处。

《象传》说：“碰到恶人”，会避开灾祸。

原文

九四：睽孤遇元夫。交孚厉无咎。

《象》曰：“交孚”，“无咎”，志行也。

译文

九四，旅人孤单地行路，碰见一个大丈夫，彼此诚恳信任。虽然危险，但没有害处。

《象传》说：以诚信相交没有害处，是志向实现、用意实行的表现。

原文

上九：睽孤。见豕负涂[1]，载鬼一车。先张之弧[2]，后说之弧[3]。匪寇婚媾。往遇雨则吉。

《象》曰：“遇雨”之吉，群疑亡也。

注释

①负涂：背负泥土，指背上沾满泥土。②张：拉开。弧（hú）：木弓。③说：同“脱”，放下。

译文

上九，在睽违孤独之中，神情恍惚，好像看见猪背上沾满了泥，又好像看见装来一车鬼。先拉开木弓想用箭射，后来放下木弓不射了，原来这些奇形怪状像鬼的人不是来劫掠的，而是来求亲的。前去遇上下雨一定吉祥。

《象传》说：遇雨吉利，一切疑虑都没有了。

蹇第三十九

䷦ 艮下坎上

原文

蹇[1]，利西南，不利东北。利见大人。贞吉。

注释

①蹇：卦名。本卦为异卦相叠。上卦为坎，坎为水；下卦为艮，艮为山。山上有水，山石嶙峋，水流曲折。山高水险，喻人行路艰难，修业不息，所以卦名曰蹇。

译文

蹇卦：到西南去有利，往东北方向不利。有利于见王公贵族，吉利的占卜。

原文

《彖》曰：蹇，难也，险在前也。见险而能止，知矣哉！蹇"利西南"，往得中也；"不利东北"，其道穷也。"利见大人"，往有功也。当位"贞吉"，以正邦也。蹇之时用大矣哉！

译文

《彖传》说：蹇，困难的意思，危险就在前面。看见危险能停下来，这是明智的表现。蹇卦说："向西南有利"，因为这是行于中正之道。"向东北去不利"，是因为那是穷途末路。"有利于见王公贵族"，是说前往一定有功。六二为阴爻居阴位，九五为阳爻居阳位，是各当其位，因而占卜有利，凭着这个说能治理好国家。蹇卦的作用真是大啊！

原文

初六：往蹇来誉。

《象》曰："往蹇来誉"，宜待也。

译文

初六，外出有困难，回来则安适。

《象传》说："外出有困难，回来则安适"，因而需要等待时机。

原文

六二：王臣蹇蹇，匪躬之故①。

《象》曰："王臣蹇蹇"，终无尤也②。

注释

①匪躬：不是自己。匪，不是。躬，自己。②尤：过失。

译文

六二，君王之臣屡次犯难，不是自身的缘故。

《象传》说："君王之臣屡次犯难"，但最终没有过失。

原文

九三：往蹇来反。

《象》曰："往蹇来反"，内喜之也。

译文

九三，外出遇到困难，回到原来出发地。

《象传》说："外出有困难，回到出发地"，是因为内心喜欢回来。

原文

六四：往蹇来连。

《象》曰："往蹇来连"，当位实也。

译文

六四，外出遇到困难，回来时却有车可乘。

《象传》说："外出遇到困难，回来却乘车而归"，是因为六四阴爻居阴位，像人的德才与职位相称。

原文

九五：大蹇朋来。

《象》曰："大蹇朋来"，以中节也。

译文

九五，遇到大困难时，会有朋友来相助。

《象传》说："遇到大难时，有朋友相助"，是由于本爻以阳爻居阳位，像人得中正之道。

原文

上六：往蹇来硕。吉，利见大人。

《象》曰："往蹇来硕"，志在内也。"利见大人"，以从贵也。

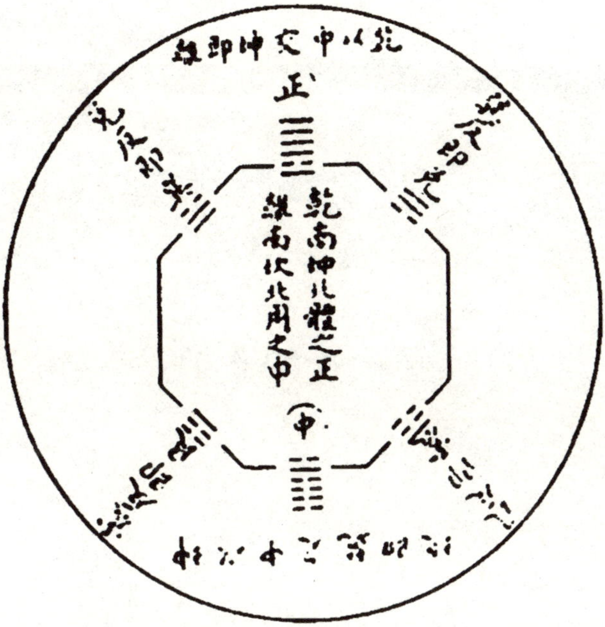

文序先后一原图

译文

上六，外出遇到困难，回来却大有收获，吉利。有利于见王公贵族。

《象传》说：“外出遇难，回来却大有收获”，是由于内心志气高昂。“有利于见王公贵族”，是说追随贵人而获利。

解第四十

䷧ 坎下震上

原文

解①，利西南，无所往。其来复吉。有攸往夙吉②。

注释

①解：卦名。本卦为异卦相叠。上卦为震，震为雷，下卦为坎，坎为雨。雷雨交加，荡涤宇内；阴阳交合，惊蛰起伏。从而万象更新，万物育生，所以卦名曰解。②夙：早。

译文

解卦：到西南方向有利，没有目标，则不如返回，如此吉利。如果有明确的目标，则宜早行，早行吉利。

原文

《彖》曰：解，险以动，动而免乎险，解。解"利西南"，往得众也。"其来复吉"，乃得中也。"有攸往夙吉"，往有功也。天地解而雷雨作，雷雨作而百果草木皆甲坼。解之时义大矣哉！

译文

《彖传》说：解的内卦为坎为险，外卦为震为动。遇险而动，积极行动则可免除危险，这就是解卦。"利于到西南方向去"，去了会得到众人的相助。"返回则吉利"，是因为此行符合中正之道。“有明确目标则宜早行，早行吉利”，因为前往一定会有成就。天地间阴阳交合而雷雨兴起，雷雨兴起则百果草木都破土抽芽。解卦的意义真是重大啊！

原文

初六：无咎。

《象》曰：刚柔之际，义“无咎”也。

译文

初六，没有害处。

《象传》说：初六与九二刚柔相交接，从道理上讲是没有害处的。

原文

六三：负且乘，致寇至。贞吝。

《象》曰：“负且乘”，亦可丑也；自我致戎，又谁咎也？

译文

六三，背着东西还乘车，会招致盗寇的抢劫，占卜有灾难。

《象传》说：“背着东西还乘车”，这是愚笨难看之举。是自己招来的盗寇，又能责怪谁呢？

原文

九四：解而拇，朋至斯孚。

《象》曰：“解而拇”，未当位也。

译文

九四，像除去你大拇趾的病患那样除去身边的小人，朋友来了会以诚信相处。

《象传》说：“除去身边的小人”，因为九四阳爻居阴位。所处位置不当。

原文

上六：公用射隼于高墉之上，获之。无不利。

《象》曰："公用射隼"，以解悖也。

译文

上六，王公在高高的城墙上射中了一只鹰，抓到了它，这没有什么不利的。

《象传》说："王公射中了一只鹰"，是说除去了敌臣贼子，消除了隐患。

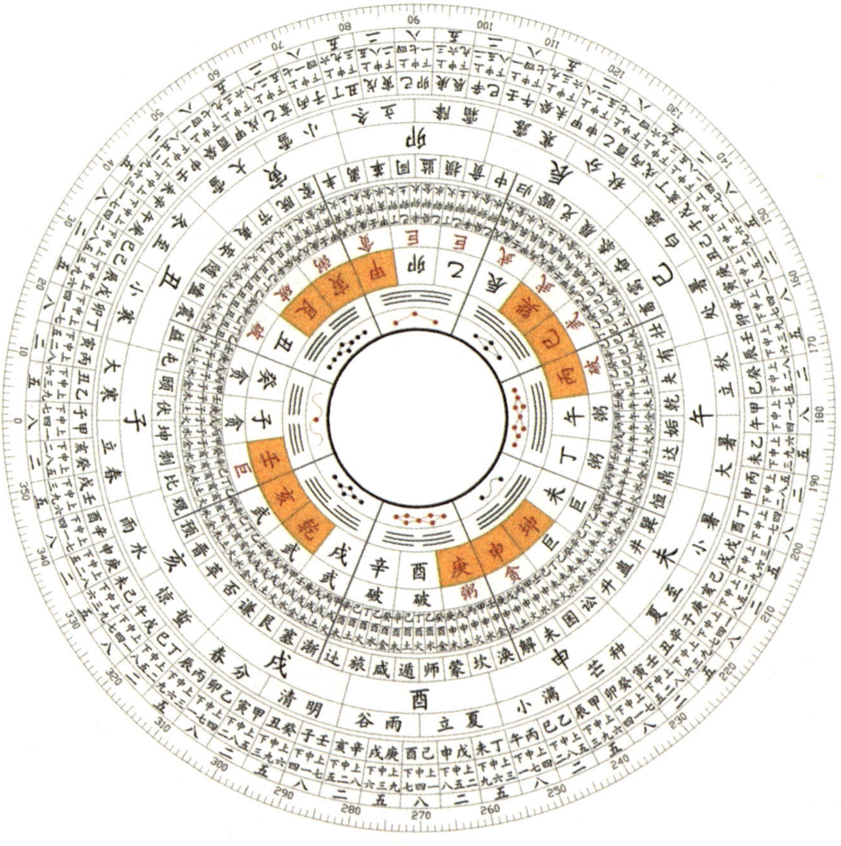

易经八卦图

损第四十一

䷨ 兑下艮上

原文

损，有孚。元吉，无咎，可贞。利有攸往。曷之用二簋？可用享。

译文

损卦：有诚信，则大吉大利，没有害处，称心的占卜，有利于有所往。用什么祭祀呢？有两盘食物也就够了。

原文

《彖》曰：损，损下益上，其道上行。损而“有孚。元吉，无咎，可贞。利有攸往。曷之用二簋？可用享”，二簋应有时，损刚益柔有时。损益盈虚，与时偕行。

译文

《彖传》说：损，减损下面增益上面，原则是给上面好处，减损“有诚信，则大吉大利，没有害处，是称心的占卜，发展下去一定有利，用什么去祭祀？有两盘食物就够了”。用两盘食物应该在必要的时候，减损阳刚补益阴柔有一定的时间性。损、益、盈、虚，是随着时间的变化而自然进行的。

原文

初九：已事遄往[①]。无咎，酌损之。

《象》曰："已事遄往"，尚合志也。

注释

①遄(chuán)：《释文》载"遄，速也"。

译文

初九，做完事情后，再迅速赶去，没有害处，但应酌情减损。

《象传》说："做完事情后，再迅速赶去"，是说还能符合志向。

原文

六三：三人行则损一人；一人行则得其友。

《象》曰："一人"行，"三"则疑也。

译文

六三，三个人同行，难免意见分歧，必有一个被孤立；一个人行走因孤单无援，则会得到朋友。

《象传》说：一个人行走，三个人则会发生疑虑。

原文

六四：损其疾，使遄有喜，无咎。

《象》曰："损其疾"，亦可喜也。

译文

六四，消除他的疾病，使之很快好起来，没有害处。

《象传》说："消除他的疾病"，也是可喜之事。

原文

上九：弗损益之，无咎，贞吉。利有攸往。得臣无家。

《象》曰："弗损益之"，大得志也。

译文

上九，不要减损，要增益，没有害处，是称心的占卜，有利于有所往，得到一个单身的奴隶。

《象传》说:"不要减损,要增益",会在很大程度上实现自己的志愿。

益第四十二

䷩ 震下巽上

原文

益,利有攸往,利涉大川。

译文

益卦:有利于有所往,有利于涉水渡河。

原文

《彖》曰:益,损上益下,民说无疆[①]。自上下下,其道大光。"利有攸往",中正有庆。"利涉大川",木道乃行。益动而巽,日进无疆;天施地生,其益无方。凡益之道,与时偕行。

注释

①说:同"悦",喜悦。无疆:没有疆界,即无穷无尽。

译文

《彖传》说:益卦是减损上面,增益下面,人民欢乐无比。从上面谦逊地对待下面,他的道义大放光芒。"有利于有所往",是六二和九五居中得正,意味着喜庆之事。"有利于涉水渡河",是说利用木船浮水而行。益卦下震为动,上巽为顺,动而顺理,敢为又谦虚，其事业必定与时俱进，不可限量。天地生育万物，它所增益的没有限量。所以增益的道理，与时俱进。

原文

初九：利用为大作，元吉无咎。

《象》曰："元吉无咎"，下不厚事也。

译文

初九，有利于大兴土木，大吉大利，没有害处。

《象传》说："大吉大利，没有害处"，是因为百姓努力，加快了工程的进度。

原文

六二：或益之十朋之龟，弗克违。永贞吉。王用享于帝，吉。

《象》曰："或益之"，自外来也。

译文

六二，有人赠予价值十朋的大龟，不能拒收，占问长久吉利。君王祭祀天帝，吉利。

《象传》说："有人赠予"，说明这大龟是从外面来的。

原文

六三：益之用凶事[1]，无咎。有孚中行，告公用圭[2]。

《象》曰：益"用凶事"，固有之也。

注释

①凶事：犹言丧事。②圭：瑞玉，上圆下方，作为一种信物用。

译文

六三，在丧事上增加祭祀物品，没有害处，有诚信又行中正之道，向国君禀报时要用玉圭。

《象传》说：因为有丧事，增加祭祀物品，这是本来固有的道理。

原文

六四：中行告公从。利用为依迁国。

《象》曰："告公从"，以益志也。

译文

六四，走中正之道，遇事报告国君，得到支持，有依靠而迁都，非常有利。

《象传》说："遇事报告国君，得到支持"，是为了增强贤臣的意志。

原文

九五：有孚惠心，勿问元吉，有孚惠我德。

《象》曰："有孚惠心"，勿问之矣。"惠我德"，大得志也。

译文

九五，上天把它所具有的诚加惠于我的心，不用问都大为吉利，上天是用它的诚来提高我的品德。

《象传》说："上天用诚加惠于我的心"，不用问都好得很。"上天用诚来提高我的品德"，表明志愿能完满实现。

原文

上九：莫益之①，或击之，立心勿恒，凶。

《象》曰："莫益之"，偏辞也②。"或击之"，自外来也。

注释

①莫：不定代词，犹言没有人。益：帮助。②偏：当读为"遍"，即普通。

译文

上九，没有人帮助他，还有人攻击他，用心不能持久不变，则凶险。

《象传》说："没有人帮助他"，这是普遍的说法。"还有人攻击他”,这是从外面来的。

夬第四十三

乾下兑上

原文

夬[1],扬于王庭。孚号有厉。告自邑,不利即戎,利有攸往。

注释

①夬(guài):决,冲开,去掉。

译文

夬卦:消除小人要在朝廷上公开揭露,要用诚心号召人们,因为情况很危险。要从自己的封地开始提高民众警惕,不利于用兵,有利于有所往。

原文

《彖》曰:夬,决也。刚决柔也。健而说,决而和。“扬于王庭”,柔乘五刚也。“孚号有厉”,其危乃光也。“告自邑,不利即戎”,所尚乃穷也。“利有攸往”,刚长乃终也。

译文

《彖传》说:夬,是决断的意思。是阳爻在冲击阴爻。下卦为乾为健;上卦为兑为悦,敢于决断又能和睦相处。“在朝廷上公开揭露”，是因为上六阴爻居于全卦阳爻之上。“用诚心号召人们，因为情况危险”，说明危险在加大。“从自己封地开始提高警惕，不利于用兵”，崇尚武力会导致穷困。“有利于有所往”，意味着小人消除，君子得势。

原文

初九：壮于前趾，往不胜为咎。

《象》曰：“不胜”而往，咎也。

译文

初九，脚强壮有力，前往却不能胜利，反而成为灾祸。

《象传》说：不能胜利却要前往，这就是灾祸。

原文

九四：臀无肤①。其行次且②。牵羊悔亡，闻言不信。

《象》曰：“其行次且”，位不当也。“闻言不信”，聪不明也。

注释

①臀(tún)：屁股。肤：肉。②次且：同“趑趄”(zī jū)，行走困难。

译文

九四，臀部没有肉，走路困难。把羊牵住就没有悔恨，可惜听了忠言又不愿相信。

《象传》说：“行走困难”，是九四阳爻阴位，所处位置不当。“听到忠言不相信”，是说听觉虽好，但不明事理。

原文

九五：苋陆夬夬①，中行无咎。

《象》曰：“中行无咎”，中未光也②。

注释

①苋(xiàn)陆：一种柔脆的小草。②光：大，发扬。

译文

九五，在柔脆的小草上行走，只有走中正之道才没有害处。

《象传》说："走中正之道才没有害处"，是说中正之道还没有发扬光大。

原文

上六：无号，终有凶。

《象》曰："无号"之凶，终不可长也。

译文

上六，没有号令，终究有凶险。

《象传》说："没有号令的危险"，是说国家命运衰微，终不可长久。

姤第四十四

䷫ 巽下乾上

原文

九三：臀无肤，其行次且，厉无大咎。

《象》曰："其行次且"，行未牵也。

译文

九三，臀部没有肉，走路困难，有危险；但没有大的害处。

《象传》说："走路困难"，是因为行走没有人扶持。

原文

九四:包无鱼,起凶。

《象》曰:"无鱼"之"凶",远民也。

译文

九四,厨房里没有鱼,会引出凶险。

《象》说:没有鱼的凶险,是由于远离了人民。

原文

九五:以杞包瓜①,含章,有陨自天。

《象》曰:九五"含章",中正也。"有陨自天",志不舍命也。

注释

①杞(qǐ):杞柳,很坚硬。包:包裹。瓜:柔脆的瓜。

译文

九五,用坚硬的杞柳包裹柔脆的瓜,即使有美好的用心也包不住,瓜自然会从上面掉落。

《象传》说:九五说有美好的用心,是由于九五居上卦中位,像人有中正之德。"自然会从上面掉落",是说高尚的志行不能施行,所以舍命殉志。

原文

上九:姤其角,吝,无咎。

《象》曰:"姤其角",上穷吝也。

译文

上九,碰上野兽的角,不好,但没有害处。

《象传》说:"碰上野兽的角",是因为上九阳爻居于一卦的最上面,像人处于穷困之境地。

萃第四十五

䷬ 坤下兑上

原文

萃，亨。王假[1]有庙。利见大人，亨利贞。用大牲吉[2]。利有攸往。

注释

①假(gé)：通“格”，至。②大牲：牛。古代以牛为大牲。

译文

萃卦：亨通，王到宗庙举行祭祀。占得此卦，有利于会见王公贵族，亨通，吉利的占卜。用牛祭祀，吉利，有利于有所往。

原文

《彖》曰：萃，聚也。顺以说，刚中而应，故聚也。“王假有庙”，致孝享也。“利见大人，亨”，聚以正也。“用大牲吉。利有攸往”，顺天命也。观其所聚，而天地万物之情可见矣。

译文

《彖传》说：萃是聚集的意思。下坤柔顺，上兑和悦，九五以阳刚居中，与六二相应，所以聚集。“王到宗庙祭祀”，表示孝顺地进行祭祀。以“有利于会见王公贵族，亨通”，是由于以正确途径聚集。“用牛祭祀，吉利，有利于有所往”，是顺从天命。看到这种聚集的情况，天地万物的实际情况都可以看到了。

原文

初六：有孚不终，乃乱乃萃。若号，一握为笑。勿恤，往无咎。

《象》曰："乃乱乃萃"，其志乱也。

译文

初六，捕获了俘虏，结果又跑了，一时乱作一团，大家呼叫着追捕。终于抓回来了，大家又高兴得笑了，不用担忧，前往没有害处。

《象传》说："乱作一团"，是由于思想混乱。

原文

六二：引吉无咎，孚乃利用禴[①]。

《象》曰："引吉无咎"，中未变也。

注释

①禴(yuè)：一种不用大牲、只用一般饭菜的薄祭。

译文

六二，长期吉利，没有害处，有诚心供品微薄也能祭祀。

《象传》说："长期吉利，没有害处"，是由于中正之道没有改变。

原文

六三：萃如嗟如，无攸利，往无咎，小吝。

《象》曰："往无咎"，上巽也。

译文

六三，聚在一起唉声叹气，没有什么好处，出行没有害处，只有小小的麻烦。

《象传》说："出行没有害处"，是因为六三阴爻居九四阳爻之下，像臣下对君上顺从。

原文

九四：大吉，无咎。

《象》曰："大吉，无咎"，位不当也。

圆图卦坎图

译文

九四，大为吉利，没有坏处。

《象传》说："大为吉利，没有坏处"，是由于九四阳爻居阴位，所处的位置不恰当。

原文

九五：萃有位，无咎。匪孚，元永贞，悔亡。

《象》曰："萃有位"，志未光也。

译文

九五，聚合有地位的人，没有害处。不够诚信，占问也长期没有悔恨。

《象传》说："聚合有地位的人"，是由于志愿还未能发扬光大。

升第四十六

䷭ 巽下坤上

原文

升[①]，元亨。用见大人，勿恤，南征吉。

注释

①升：卦名。本卦为异卦相叠。外卦为坤，坤为地；内卦为巽，巽为木。木植于地，由小到大，由低到高，年年生长，所以卦名曰升。

译文

升卦：大为亨通，有利于见王公贵族。不用忧虑，出征南方吉利。

原文

《彖》曰：柔以时升，巽而顺，刚中而应，是以大亨。"用见大人，勿恤"，有庆也。"南征吉"，志行也。

译文

《彖传》说：本卦初爻为阴，它依时上升，上卦为坤为顺，下卦为巽为逊，而且九二阳爻居下卦中位与六五阴爻居上卦中位相应，因此大为通顺。"有利于见王公贵族，不用忧虑"，是指将有喜庆之事。"出行南方吉利"，这是因为志向得到了推行。

原文

初六：允升，大吉。

《象》曰："允升，大吉"，上合志也。

译文

初六，前进上升，大吉大利。

《象传》说："前进上升，大吉大利"，是因为能与上面志愿相合。

原文

九三：升虚邑[1]。

《象》曰："升虚邑"，无所疑也。

注释

①虚：据陆德明《经典释文》引马融注，这个虚指丘，即山坡。

译文

九三，登上建在山坡上的城邑。

《象传》说："登上山坡上的城邑"，这并没有疑忌。

原文

六四：王用亨于岐山。吉，无咎。

《象》曰："王用亨于岐山"，顺事也。

译文

六四，君王在岐山举行祭祀，吉利，没有坏处。

《象传》说："君王在岐山举行祭祀"，是顺应天理的事。

原文

上六：冥升[1]，利于不息之贞。

《象》曰："冥升"在上，消不富也。

注释

①冥：夜晚。

译文

上六，夜里仍努力上升，占问说：不停地努力有利。

《象传》说：夜里努力上升，但上六居本卦最上面，再如何上升也只能衰退，而不会发展。

困第四十七

坎下兑上

原文

困[1]，亨。贞大人吉，无咎。有言不信。

注释

①困：困难，困苦，遭受困难，遭受困苦。本卦卦象是坎下兑上，坎为水，兑为泽，水本来是应该容纳在泽中，现在却离开泽向下渗透，以致泽无水而受困。

译文

困卦：通顺，有权位的人占卜吉利，没有害处。讲话他人不信。

原文

《彖》曰：困，刚掩也。险以说，困而不失其所。"亨"，其唯君子乎？“贞大人吉”，以刚中也。“有言不信”，尚口乃穷也。

译文

《象传》说：困卦，上卦为兑为阴，下卦为坎为阳，阳刚掩盖于阴柔之下。上卦险而悦，虽然处境困难却不放弃追求亨通，恐怕只有君子才有这种信念吧！“有权位的人占卜吉利”，是因为阳爻处于上下卦的中位。“讲话他人不信”，因崇尚空谈，不务实际，以致穷困。

原文

初六：臀困于株木①，入于幽谷②，三岁不觌③。

《象》曰：“入于幽谷”，幽不明也。

注释

①困：此处犹今语挨打。株木：木棍，这里指官吏所用的刑杖。②幽谷：指牢狱。③觌(dí)：相见。

译文

初六，臀部受刑杖之苦，关入黑暗的牢房，三年不见天日。

《象传》说：“关入黑暗的牢房”，自然黑暗不明。

原文

六三：困于石，据于蒺藜。入于其宫，不见其妻，凶。

《象》曰：“据于蒺藜”，乘刚也。“入于其宫，不见其妻”，不详也。

译文

六三，被乱石所困，被蒺藜刺伤，回到家中，不见妻子，有凶险。

《象传》说：“被蒺藜刺伤”，是阴爻居于阳爻之上。“回到家中，不见妻子”，是不吉祥的。

原文

九四：来徐徐，困于金车①，吝有终。

《象》曰：“来徐徐”，志在下也。虽不当位，有与也。

注释

①金：《释名·释天》载“金，禁也”。金车，指禁车，犹言囚车。

译文

九四，缓慢地走来，被困在囚车里，有麻烦，但结果还是被释放。

《象传》说：“缓慢地走来”，是志向卑微的表现。像九四居九五之下，虽然位置不当，但还是有志同道合的朋友。

原文

九五：劓刖[①]，困于赤绂，乃徐有说，利用祭祀。

《象》曰：“劓刖”，志未得也。“乃徐有说”，以中直也。“利用祭祀”，受福也。

注释

①劓刖（yì yuè）：割鼻子和取膝盖的酷刑。

译文

九五，受到割鼻、取膝的酷刑，受到身居高位的人的迫害。后来慢慢地脱离险境，有利于祭祀谢神。

《象传》说：“受到割鼻、挖膝的酷刑”，志愿没有实现的表现。“后来慢慢地脱离险境”，是由于居中得正。有利于祭祀谢神”，是从中祈求神的庇护。

井第四十八

巽下坎上

原文

《象》曰：木上有水，井。君子以劳民劝相。

译文

《象传》说：木桶上来有水，构成井卦。君子观此卦象，从而去慰劳人民，鼓励他们互相帮助。

原文

初六：井泥不食，旧井无禽。

《象》曰："井泥不食"，下也。"旧井无禽"，时舍也。

译文

初六，井水有泥不能饮用，废旧的井连鸟兽都不来光顾。

《象传》说："井水有泥不能饮用"，是由于泥土落下去了。"废旧的井连鸟兽都不光顾"，是说人们已经在当时将井舍弃不用了。

原文

九三：井渫不食[①]，为我心恻。可用汲，王明并受其福。

《象》曰："井渫不食"，行恻也。求"王明"，受福也。

干地支方位八卦图

注释

①井渫（xiè）：井里淘干净了。

译文

九三，如果井里淘干净了却不饮用，将使我心里难受。井水可以汲上来了，如果君王英明，大家都将得到他的好处。

《象传》说："如果井里淘干净了却不饮用"，这种情况将令人难过，祈求君王英明，是为了得到好处。

原文

九五：井洌[1]，寒泉食。

《象》曰：寒泉之食，中正也。

注释

①洌（liè）：水清。

译文

九五，井水清澈，如清凉的泉水一样可以饮用。

《象传》说：如清凉的泉水一样可以饮用，是由于本爻居上卦中位，像人得中正之道。

原文

上六：井收勿幕。有孚元吉。

《象》曰：元吉在上，大成也。

译文

上六，汲完水把工具收走，井口不用加盖；大家都诚心诚意爱护井，大吉大利。

《象传》说：上六大吉大利居本卦最上面，象征着大有成就。

革第四十九

䷰ 离下兑上

原文

革[①]，己日[②]乃孚，元亨。利贞，悔亡。

注释

①革：变革，改革。卦象是离下兑上，离为火，兑为泽，有水。水在火上，受火烧灼，随时发生变化，所以叫“革”。②巳日：即祭祀之日。

译文

革卦：开始人们怀疑改革，到祭祀之日才相信。大通顺，有利的占卜，没有悔恨。

原文

《彖》曰：革，水火相息，二女同居[①]，其志不相得，曰革。“己日乃孚”，革而信之。文明以说，大亨以正。革而当，其悔乃亡。天地革而四时成。汤武革命，顺乎天而应乎人。革之时大矣哉！

注释

①二女：离卦和兑卦主爻都是阴爻，而个卦都是阴卦，因此叫“二女”。

译文

《象传》说：革卦象征变革，如水火相生相克；又如两女子同住在一起，志趣不合必起冲突，这就是革卦。“到祭祀之日才相信”，是变革得到人们的信任。革卦离下兑上，离是文明，兑是悦，文明而和悦，遵守正道就大为亨通，变革恰当，悔恨也就没有了。天地变革而四时形成，商汤、周武的革命，这都是顺应上天规律又符合人们愿望的。依时变革的意义重大啊！

原文

初九：巩用黄牛之革。

《象》曰：“巩用黄牛”，不可以有为也。

译文

初九，用黄牛皮带子紧紧捆着。

《象传》说：用黄牛皮带子紧紧捆着，是说人被束缚，不可以有作为。

原文

九三：征凶，贞厉，革言三就，有孚。

《象》曰“革言三就”，又何之矣？

译文

九三，出征凶险，危险的占问。改革的言论要多次取得成就，人们才会信服。

《象传》说：“改革的言论多次取得成就”，又还有什么可说的呢？

原文

九四：悔亡，有孚改命。吉。

《象》曰：“改命”之吉，信志也。

译文

九四，悔恨消失了，人们很信任，改革的行动是吉利的。

《象传》说："改革的吉利"，是由于人们相信改革志向的缘故。

原文

九五：大人虎变，未占有孚。

《象》曰："大人虎变"，其文炳也[1]。

注释

①炳（bǐng）：显著。

译文

九五，有权位的人像老虎的毛色变化那样进行变革，不用占卜都能取得信任。

《象传》说："有权位的人像老虎身上的毛色变化那样进行变革"，说明他的文采是显著的。

原文

上六：君子豹变，小人革面。征凶，居贞吉。

《象》曰："君子豹变"，其文蔚也[1]。"小人革面"，顺以从君也。

注释

①蔚：华美。

译文

上六，君子的改革像豹子的毛色那样变化，小人则是只搞表面改革。出征凶险。占问安居吉利。

《象传》说："君子的改革像豹子的毛色那样变化"，他的文采是华美的。"小人则是只搞表面改革"，是为了顺从君王。

鼎第五十

☲☴ 巽下离上

原文

鼎，元吉亨。

译文

鼎卦：大吉大利，亨通。

原文

《象》曰：鼎，象也。以木巽火，亨饪也。圣人亨以享上帝，而大亨以养圣贤。巽而耳目聪明。柔进而上行，得中而应乎刚。是以元亨。

译文

《象传》说：鼎是一种物象。鼎卦巽下离上，木下火上，把木柴放进火里去，为的是烹饪。圣人用烹煮的食物来祭祀上帝，用大量的食物来供养圣贤。巽下离上，谦下明上，象征着人谦虚而耳目聪明；本卦初爻为阴为柔，升到第五爻，象征着臣下取悦于君，地位不断上升；本卦九二、六五分居下卦、上卦中位，相互呼应，象征臣下秉守中正之道和应于君王。所以说大为亨通。

原文

初六：鼎颠趾，利出否。得妾以其子，无咎。

《象》曰:“鼎颠趾”,未悖也。“利出否”,以从贵也。

译文:

初六,把鼎颠倒过来脚朝上,有利于倒出腐败食物。得了一个侍妾和儿子,这些都没有坏处。

《象传》说:“把鼎颠倒过来”,这没有违背什么。“要清除坏东西才好”,是为了跟从贵人。

原文

九三:鼎耳革,其行塞,雉膏不食。方雨亏悔,终吉。

《象》曰:“鼎耳革”,失其义也。

译文

九三,鼎耳脱落了,难以搬动,鼎里的野鸡肉吃不到,这时又正好下雨,因此感到欠缺和悔恨,但最终将吉利。

《象传》说:“鼎耳脱落了”,失去了它应有的作用。

原文

上九:鼎玉铉,大吉,无不利。

《象》曰:“玉铉”在上,刚柔节也。

译文

上九,在鼎的横杠上镶玉,大为吉利,没有不吉利的。

《象传》说:玉石之铉配在金属之鼎上面,象征刚和柔得到调节。

震第五十一

䷲ 震下震上

原文

六二:震来厉。亿丧贝。跻于九陵,勿逐,七日得。

《象》曰:“震来厉”,乘刚也。

译文

六二,霹雳来得很猛烈,可能会损失钱财,但只要登上高山,不用寻找,到时候损失自己会弄回来。

《象传》说:“霹雳来得很猛烈”,是六二柔爻凌驾于初九刚爻之上。

原文

六三:震苏苏[①],震行无眚[②]。

《象》曰:“震苏苏”,位不当也。

注释

①苏苏:畏惧不安的样子。②眚(shèng):灾祸,损失。

译文

六三,雷声使人畏惧不安,在雷响时有所行动,没有灾祸。

《象传》说:“雷声使人畏惧不安”,是因为六三阴爻居阳位,所处位置不当。

原文

九四：雷遂泥。

《象》曰："震遂泥"，未光也。

译文

九四，雷电下击入地。

《象传》说："雷电下击入地"，说明阳刚品德发扬得不够光大。

原文

上六：震索索[1]，视矍矍[2]。征凶，震不于其躬。于其邻，无咎。婚媾[3]有言。

《象》曰："震索索"，中未得也。虽凶无咎，畏邻戒也。

注释

①索索：颤抖的样子。②矍矍(jué jué)：惊惧四顾的样子。③婚媾：这里指亲戚。

译文

上六，雷声震动，使人颤抖，惊惧四顾，外出有凶险。雷电不打在自己身上，而打在邻居处，没有害处，但亲戚们会有怨言。

《象传》说："雷声震动，使人颤抖"，是由于本爻不处中位，象征人没有得中正之道。即使凶险也没有害处，只是害怕邻居戒备。

艮第五十二

☶ 艮下艮上

原文

〔艮①。〕艮其背，不获其身。行其庭不见其人，无咎。

注释

①艮字当重。上艮字系卦名，不能省，据补。

译文

艮卦：停止了背部活动就停止了全身活动，走在院子里看不见一个人，没有害处。

原文

《彖》曰：艮，止也。时止则止，时行则行，动静不失其时，其道光明。艮其止，止其所也。上下敌应，不相与也，是以“不获其身行。其庭不见其人，无咎”也。

译文

《彖传》说：艮的意义是停止或静止。该什么时候止就止，该什么时候动就动，动和静都不失其时，前途才会光明。停止的是应该停止的东西，说明停止正好适得其所。上下卦阴爻和阴爻，阳爻和阳爻相应，都是敌应，不能发生关系，因此全身不能活动，走在院子里也看不见人，但却是没有坏处的。

原文

初六：艮其趾，无咎。利永贞。

《象》曰："艮其趾"，未失正也。

译文

初六，停止脚步，没有害处，这是长久吉利的征兆。

《象传》说："停止脚步"，是说这没有违反正道。

原文

六二：艮其腓[①]。不拯其随，其心不快。

《象》曰："不拯其随"，未退听也。

注释

①腓：有腿肚子。这里指小腿。

译文

六二，停止小腿的活动，却不帮助相随的大腿也停止活动，他心里不畅快。

《象传》说："不帮助相随的大腿停止活动"，是别人不愿意听从六二的意见。

原文

九三：艮其限[①]，列其夤[②]，厉熏心。

《象》曰："艮其限"，危熏心也。

注释

①限：界限，指上下身的界限，即腰部。②列：同"裂"。夤(yín)：夹脊肉，即腰部两边的肉。

译文

九三，停止腰部活动，腰部两边的肉像要裂开似的，危险，心都熏焦了。

既济未济一升一降图

《象传》说:“停止腰部活动”,危险在熏焦了心。

原文

六四:艮其身,无咎。

《象》曰:“艮其身”,止诸躬也。

译文

六四,停止上身的活动,没有坏处。

《象传》说:“停止上身的活动”,就是能自我控制。

原文

上九:敦艮,吉。

《象》曰:“敦艮”之“吉”,以厚终也。

译文

上九,坚决静止,一切吉利。

《象传》说:坚决静止的吉利,是以美好而告终的。

渐第五十三

䷴ 艮下巽上

原文

渐,女归吉,利贞。

译文

渐卦:女子出嫁吉利,占卜吉利。

原文

《彖》曰:渐之进也,女归吉也。进得位,往有功也。进以正,可以正邦也。其位,刚得中也。止而巽,动不穷也。

译文

《彖传》说:渐是缓慢前进,渐卦是说女子嫁出去会吉利。本卦初爻为阴,进而上升为第二爻,第四爻,皆以阴爻而居阴位,这显示女子可得主妇之位,能持家。如果君王也能正其位,必能治理好国家。九五阳爻,为刚居上卦中位,渐的下卦为艮为止,上卦为巽为逊,像人沉着而谦逊,如此行动无往不利,永不困穷。

原文

初六:鸿渐于干,小子厉,有言无咎。

《象》曰:"小子"之"厉",义无咎也。

译文

初六，大雁缓慢地飞到岸边。小孩过去有危险，加以提醒制止，没有害处。

《象传》说：小孩的危险，从道理上讲是没有害处的。

原文

九三：鸿渐于陆。夫征不复，妇孕不育，凶。利御寇。

《象》曰："夫征不复"，离群丑也。"妇孕不育"，失其道也。利用御寇，顺相保也。

译文

九三，大雁飞到陆地上，丈夫出征不能回来，妇人怀孕却又流产，这是凶险之兆。但有利于抗击敌寇。

《象传》说："丈夫出征不能回来"，是掉队遇险了。"妇人有孕却流产"，是由于失去了保胎的方法。有利于抗击敌寇，是顺乎情理地保卫国家。

原文

六四：鸿渐于木，或得其桷①，无咎。

《象》曰："或得其桷"，顺以巽也。

注释

①桷(jué)：方形的椽木。

译文

六四，大雁落在树上，有的也停在人家堆放的椽木上，没有害处。

《象传》说："有的停在椽木上"，而没有灾害，是因为六四阴爻居九五阳爻之下，顺从而又能安身。

原文

九五：鸿渐于陵。妇三岁不孕，终莫之胜，吉。

《象》曰："终莫之胜，吉"，得所愿也。

译文

九五，大雁飞到山丘上，妻子多年没有怀孕，但其地位始终不会被人取代，吉利。

《象传》说："她的地位始终不会被人取代，吉利"，是说实现了愿望。

原文

上九：鸿渐于陆，其羽可用为仪[1]，吉。

《象》曰："其羽可用为仪，吉"，不可乱也。

注释

①仪：古人的舞具，用鸟羽编织。

译文

上九，大雁飞到高山上，它的羽毛可以作为舞具，吉利。

《象传》说："它的羽毛可以作为舞具，吉利"，是说不可乱加处置的。

归妹第五十四

☳☱ 兑下震上

原文

归妹[1]。征凶，无攸利。

注释

①归妹：嫁女。妹指女郎，不是妹妹。

译文

归妹卦：出征，凶险，没有什么好处。

原文

《彖》曰：归妹，天地之大义也。天地不交而万物不兴。归妹，人之终始也。说以动，所归妹也。“征凶”，位不当也。“无攸利”，柔乘刚也。

译文

《彖传》说：嫁女，是天经地义的事。天地不相交，则万物不生长。嫁女，是人类自身繁衍的起点。兑下震上，悦下动上，即悦而动，这就是所说的归妹卦。“出征有危险”，是因为九二、九四阳爻居阴位，六三、六五阴爻居阳位，位置不当。“没有什么好处”，是因为六三阴爻在九二阳爻之上，六五阴爻在九四阳爻之上，即阴柔凌驾于阳刚之上。

原文

初九：归妹以娣①。跛能履，征吉。

《象》曰："归妹以娣"，以恒也。"跛能履"，吉相承也。

注释

①娣(dì)：随姊同嫁一夫之际称为"娣"。

译文

初九，嫁女以其妹陪嫁，跛子能走路，出行吉利。

《象传》说："嫁女以其妹陪嫁"，照着常规办事。跛子能走路而吉利，是因为有人的帮助。

原文

六三：归妹以须①，反归以娣。

《象》曰："归妹以须"，未当也。

注释

①须：同"媭"(xū)。贾逵说："楚人谓姊为媭"。

译文

六三，嫁女时以其姊陪嫁，夫家把妹逐回娘家。

《象传》说："嫁女时以其姊陪嫁"，是不恰当的。

原文

九四：归妹愆期①，迟归有时。

《象》曰："愆期"之志，有待而行也。

注释

①愆(qiān)期：错过了日期。

译文

九四，嫁女误了婚期，迟一点嫁是因为有所等待。

《象传》说："有超龄而不嫁的想法"，是由于有所等待后才出嫁。

原文

上六：女承筐，无实。士刲羊[①]，无血。无攸利。

《象》曰：上六无实，承虚筐也。

注释

①刲(kuī)：割。刲羊，这里指宰杀。

译文

上六，女子捧的筐内没有实物，男子以刀宰羊，不见血，这没有什么好处。

《象传》说：上六所说的有筐无实，是说手中捧的是空筐。

丰第五十五

䷶ 离下震上

原文

丰[①]，亨。王假[②]之，勿忧，宜日中。

注释

①丰：卦名。本卦为异卦相叠。上卦为震，震为雷；下卦为离，离为电。电闪雷鸣，是上天垂示的重大天象。人们因雷鸣而敬戒修身，因闪电而明察事理，其成就必巨，所以卦名曰丰。②假（gé）：参见萃卦注①。

译文

丰卦：亨通，君王将亲临宗庙，不用担忧，最佳时刻在正午时分。

原文

《彖》曰：丰，大也。明以动，故丰。“王假之”，尚大也。“勿忧，宜日中”，宜照天下也。日中则昃①，月盈则食，天地盈虚，与时消息，而况于人乎？况于鬼神乎？

注释

①昃：太阳偏西，即离卦九三“日昃之离”的“昃”。

译文

《彖传》说：丰，大的意思。下卦为离，离为明；上卦为震，震为动。明而动，所以称丰卦。“君王亲临宗庙”，是表示对祭祀大事的重视。“不用担心，最佳时刻在正午时分”，是说这个时候太阳当头，最便于普照天下。太阳正中后就要偏西，月亮圆满后就会亏缺，天地间的盈虚，都是随时间的变化而发生的，何况人事呢？何况鬼神呢？

原文

初九：遇其配主，虽旬无咎。往有尚。

《象》曰：“虽旬无咎”，过旬灾也。

译文

初九，碰到女主人的接待，十天之内没有害处，前往会受到尊重。

《象传》说：“尽管十天之内没有害处”，过了十天就有灾难。

原文

九三：丰其沛①，日中见沫②。折其右肱，无咎。

《象》曰：“丰其沛”，不可大事也。“折其右肱”，终不可用也。

注释

①沛：同“旆”，幡幔，幕布。②沬：同“昧”，小星星。

译文

九三，太阳被幡幔样的东西遮蔽了，中午能看见天上的小星星。不慎折断了右臂，但没有很大的害处。

《象传》说：“太阳被幡幔样的东西遮蔽了”，不可做大事。“不慎折断了右臂”，最终无用武之地。

旅第五十六

☶☲ 艮下离上

原文

旅，小亨。旅贞吉。

译文

旅卦：小小的通顺。占卜旅行之事吉利。

原文

《彖》曰：旅“小亨”，柔得中乎外而顺乎刚，止而丽乎明，是以“小亨。旅贞吉”也。旅之时义大矣哉！

译文

《彖传》说：旅卦有小小的通顺，是由于六五阴爻居外卦中位，处于上九阳爻之下。艮下离上，止下明上，止依附于明，所以说："小有通顺，占卜旅行之事吉利"。旅卦的意义是重大的啊！

原文

初六：旅琐琐，斯其所取灾。

《象》曰："旅琐琐"，志穷灾也。

译文

初六，旅人三心二意，进退犹豫，最后离开住所，因而遭遇灾祸。

《象传》说："旅人三心二意"，是志气穷困而自取灾祸。

原文

九三：旅焚其次，丧其童仆，贞厉。

《象》曰："旅焚其次"，亦以伤矣。以旅与下，其义丧也。

译文

九三，旅人住处被烧，丧失了他的男仆，占卜有危险。

《象传》说："旅人住处被烧"，已经受害了。凭着旅人的身份带个男仆，从道理讲当然会失去男仆。

原文

九四：旅于处，得其资斧[①]。我心不快。

《象》曰："旅于处"，未得位也。"得其资斧"，心未快也。

注释

①资斧：本义为利斧，程颐解为资财。

译文

九四，旅人在住处找到他的钱财，但心里不快活。

《象传》说："旅人回到住处"，这是没有得到恰当的位置。"找到了他的钱财"，心中仍不快活。

原文

上九：鸟焚其巢。旅人先笑后号咷 ，丧牛于易，凶。

《象》曰：以旅在上，其义焚也。“丧牛于易”，终莫之闻也。

译文

上九，如同鸟巢被烧了，出门在外的旅人先笑后放声大哭，在田畔丢失了牛，这是凶兆。

《象传》说：上九阳爻居旅卦的上位，从道理上看应该会被焚烧。“在田畔丢失了牛”，最终也没有人听到消息。

巽第五十七

☴ 巽下巽上

原文

巽[1]，小亨。利有攸往，利见大人。

注释

①巽(xùn)：顺伏，归顺，服从。

译文

巽卦：小有亨通，有利于有所往，有利于见王公贵族。

原文

《彖》曰：重巽以申命。刚巽乎中正而志行，柔皆顺乎刚，是以

"小亨。利有攸往,利见大人"。

译文

《彖传》说:巽的意思为顺。两个巽卦重叠,意在强调、重申上面的教命。本卦九二、九五阳爻分居下卦和上卦的中位,像君王行事合于中正之道,志得意行,初六和六四两阴爻分别顺从着九二和九五,象征臣下顺从君王,因而说:"小有亨通,有利于有所往,有利于见王公贵族。"

原文

初六:进退,利武人之贞。

《象》曰:"进退",志疑也。"利武人之贞",志治也。

译文

初六,进退不定,有利于武士的占卜。

《象传》说:"进退不定",是思想有疑虑。"有利于武士的占卜",是因为只有思想坚定才能临危不乱。

原文

九三:频巽[①],吝。

《象》曰:"频巽"之"吝",志穷也。

注释

①频:额头,这里指皱着额头。

译文

九三,勉强地顺从,有困难。

《象传》说:勉强地顺从而有困难,是由于出于无奈,丧失了志向。

原文

六四:悔亡,田获三品[①]。

《象》曰:"田获三品",有功也。

注释

①田：打猎。获三品：得到多种鸟兽。三，多。品，种类。

译文

六四，悔恨消亡了，打猎时收获很多。

《象传》说："打猎时收获很多"，是说办事有成就。

原文

九五：贞吉悔亡，无不利。无初有终，先庚三日，后庚三日。吉。

《象》曰：九五之"吉"，位正中也。

译文

九五，吉利的占卜，悔恨消亡，没有不利的，虽无良好的开端，但有良好的结局。在庚前三日和庚后三日，即丁日到癸日，是吉利的。

《象传》说：九五的吉利，是由于九五居上卦中位，像人得中正之道。

原文

上九：巽在床下，丧其资斧。贞凶。

《象》曰："巽在床下"，上穷也。"丧其资斧"，正乎凶也。

译文

上九，隐藏在床下，丧失了钱财，凶险的占卜。

《象传》说："隐藏在床下"，是因为上九高高在上，穷途末路。"丧失了钱财"，正是凶险的表现。

兑第五十八

䷹ 兑下兑上

原文

兑[1]，亨，利贞。

注释

①兑：一般训为说，说就是悦，快乐的意思。

译文

兑卦：亨通，有利的占卜。

原文

《彖》曰：兑，说也。刚中而柔外，说以利贞，是以顺乎天而应乎人。说以先民，民忘其劳；说以犯难，民忘其死。说之大，民劝矣哉！

译文

《彖传》说：兑的意义是和悦，它的卦象是阳爻九二和九五分别居于下兑和上兑的中间，阴爻六三和上六分别在下兑和上兑的外面。以利人利物为存心，坚持正道，所以顺应天道而合乎人心。以悦民之道引导大众，民众在出力的时候会忘记劳累。以悦民之道引导大众冒险，民众会在冒险时不怕牺牲。悦民之道的伟大作用就在于能劝勉民众奋进，共济时艰。

原文

初九：和兑，吉。

《象》曰："和兑"之"吉"，行未疑也。

译文

初九，和谐而喜悦，吉利。

《象传》说：和谐而喜悦的吉利，是因为行为端正而无所猜疑。

原文

六三：来兑，凶。

《象》曰："来兑"之"凶"，位不当也。

译文

六三，用讨好来取悦，凶险。

《象传》说：用讨好的来取悦的凶险，是六三阴爻居阳位，位置不当的缘故。

原文

九四：商兑未宁①，介疾有喜。

《象》曰：九四之"喜"，有庆也。

注释

①商：商量，考虑。宁：定，决定。

译文

九四，喜悦的商讨还没有定下来，却已经像病后初愈一样可喜了。

《象传》说：九四的喜悦，是指有值得庆贺的事。

原文

九五：孚于剥①，有厉。

《象》曰："孚于剥"，位正当也。

注释

①于剥：被损害。于，表被动的助词。剥，打击，损害。

译文

九五，诚信被损害，有危险。

《象传》说："诚信被损害"，是九五阳爻居上兑中位，位置正当被损的缘故。

原文

上六：引兑。

《象》曰：上六"引兑"，未光也。

译文

上六，用引诱的手段来达到喜悦。

《象传》说：上六用引诱的手段来达到喜悦，这不是光明正大的行为。

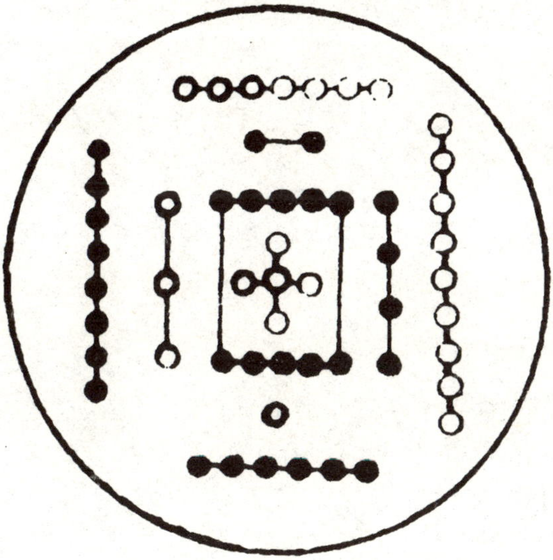

河图原图

涣第五十九

䷺ 坎下巽上

原文

涣[1]，亨。王假有庙[2]。利涉大川，利贞。

注释

①涣：流动。卦象是坎下巽上，坎为水，巽为风，风行水上，吹水流动。②假（gé）：至，到。

译文

涣卦：亨通，君王亲临宗庙，有利于涉水渡河，吉利的占卜。

原文

《彖》曰：涣，亨，刚来而不穷，柔得位乎外而上同。“王假有庙”，王乃在中也。“利涉大川”，乘木有功也。

译文

《彖传》说：涣卦，亨通，因为九二、九五阳爻，分别为内卦、外卦的主爻，是中正其位而四向可通之象，六四阴爻居外卦阴位，与上九的阳刚相配合。“君王亲临宗庙”，是说君王处于天枢之地，居尊位。“有利于涉水渡河”，是乘木船有好处。

原文

初六:用拯马壮[1],吉。

《象》曰:初六之“吉”,顺也。

译文

初六,有强有力的援助,吉利。

《象传》说:初六的吉利,是由于初六阴爻居九二阳爻之下,有阴柔顺从阳刚之意。

原文

六三:涣其躬,无悔。

《象》曰:“涣其躬”,志在外也。

译文

六三,水流冲洗身体,没有悔恨。

《象传》说:“水流冲洗身体”,是说志向在外。

原文

六四:涣其群,元吉。涣有丘,匪夷所思。

《象》曰:“涣其群,元吉”,光大也。

译文

六四,水流冲洗人群,大吉大利。水流冲到山丘,这不是一般人所能想象的。

《象传》说:“水流冲洗人群,大为吉利”,这说明冲洗范围大,象征君子施教广大。

原文

九五:涣汗其大号[1]。涣王居,无咎。

《象》曰:“王居,无咎”,正位也。

注释

①涣汗：叠韵连绵词，用来形容“大号”，是摹拟声音洪大。

译文

九五，水呼喇喇轰隆隆地像人在大声呼叫，水流冲向君王住处，但没有害处。

《象传》说：君王住处，没有灾祸，是因为九五居上卦中位，像君王位尊且正。

原文

上九：涣其血[①]，去逖出[②]，无咎。

《象》曰：“涣其血”，远害也。

注释

①血：伤害。②逖(tì)：远。

译文

上九，冲掉那些伤害，并远离和警惕它们，没有害处。

《象传》说：“冲掉那些伤害”，是说远离祸害。

节第六十

䷻ 兑下坎上

原文

节[①]，亨。苦节，不可贞。

注释

①节：节制，控制。卦象是兑下坎上，兑为泽，坎为水，是水容纳于泽中，受到泽的节制。

译文

节卦：亨通。过分的节制，不可占卜。

原文

《彖》曰：节"亨"，刚柔分而刚得中。"苦节，不可贞"，其道穷也。说以行险，当位以节，中正以通。天地节而四时成，节以制度，不伤财，不害民。

译文

《彖传》说："节卦，亨通"，是因为上卦为坎，为阳为刚；下卦为兑，为阴为柔，九五、九二分居上坎、下兑中位。"过分节制，不可占卜"，是说这是行不通的道理。下兑为悦，上坎为险，是用和悦的态度通过凶险，应该节制的地方就节制，得中正之道而达到亨通。天地由于有节制，而形成四时节气，制定各种法度来节制社会，既不浪费财物，又不伤害人民。

原文

六三：二不节若[1]，则嗟若[2]。无咎。

《象》曰：不节之嗟，又谁咎也？

注释

①节：节制，节度。②嗟：悔叹。

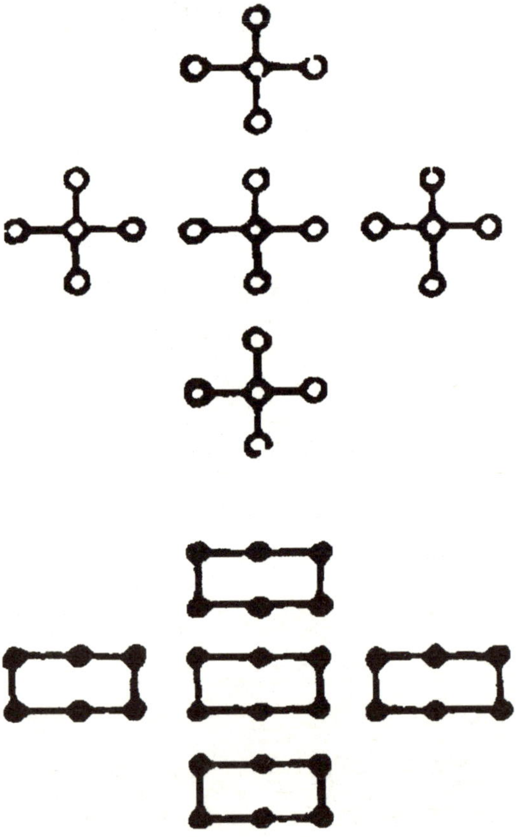

龙图天地未合之数图

译文

六三，没有节度，则会后悔叹气。没有害处。

《象传》说：没有节度而叹气，又能怪谁呢？

原文

六四：安节，亨。

《象》曰："安节"之"亨"，承上道也。

译文

六四，安于遵守节度，就会亨通。

《象传》说：安于节度而亨通，是由于六四阴爻服从于上面九五阳爻。

原文

九五：甘节，吉。往有尚。

《象》曰："甘节"之"吉"，居位中也。

译文

九五，甘心守节度，吉利，发展下去会有很大的好处。

《象传》说：甘心守节度而吉利，是因为九五阳爻居上卦中位，像人守中正之道。

原文

上六：苦节，贞凶，悔亡。

《象》曰："苦节，贞凶"，其道穷也。

译文

上六，过分地节制，占卜凶险；悔恨则可消亡。

《象传》说："过分地节制，占卜凶险"，是因为上六阴爻居一卦的最上面，像人走入穷困不通的境地。

中孚第六十一

☴☱ 兑下巽上

原文

中孚[1],豚鱼,吉。利涉大川,利贞。

注释

①中孚:心中有诚。中,心中。孚,诚。

译文

中孚卦:用豚鱼祭祀吉利,有利于涉水渡河,吉利的占卜。

原文

《彖》曰:中孚,柔在内而刚得中。说而巽。孚乃化邦也。“豚鱼,吉”,信及豚鱼也。“利涉大川”,乘木舟虚也。中孚以利贞,乃应乎天也。

译文

《彖传》说:中孚卦,阴柔之爻居于内,阳刚之爻居于外,卦的性质和悦而谦逊。这样的诚信是能教化全国的。“用豚鱼祭祀吉利”,是说豚鱼物虽薄,但表现了祭祀者的一片诚心。“有利于涉水渡河”,是因为乘坐空的木船。内心有诚是吉利的占卜,这与天理是相呼应的。

原文

初九：虞吉[①]。有它不燕[②]。

《象》曰：初九"虞吉"，志未变也。

注释

①虞：安，指安于接受孚的感化。②燕：安乐，美好。

译文

初九，要安于接受孚的感化才吉利，有别的变故则不安。

《象传》说：初九要安于接受孚的感化才吉利，是指乐意接受孚的感化的思想没有改变。

原文

六三：得敌，或鼓或罢[①]，或泣或歌。

《象》曰："或鼓或罢"，位不当也。

注释

①罢：同"疲"，疲倦。

译文

六三，俘虏了敌人，有的人击鼓前进，有的人却已经疲倦不堪，有的人在悲哀哭泣，有的人在高兴歌唱。

《象传》说："有的人击鼓前进，有的人疲倦不堪"，是由于六三阴爻居阳位，所处的爻位不恰当。

原文

六四：月几望[①]，马匹亡，无咎。

《象》曰："马匹亡"，绝类上也。

注释

①几：马王堆帛书《周易》作"既"。

译文

六四，一个月过了十五，马匹丢掉了，但是没有大的害处。
《象传》说："马匹丢掉了"，所以要杜绝类似上次的事。

原文

九五：有孚挛如[1]，无咎。
《象》曰："有孚挛如"，位正当也。

注释

①挛(luán)：连续不断，指充分。如：语末助词。

译文

九五，有充分的诚信，没有害处。
《象传》说："有充分的诚信"，是由于九五阳爻居上卦中位，其人行事得中正之道。

原文

上九：翰音登于天[1]，贞，凶。
《象》曰："翰音登于天"，何可长也？

注释

①翰音：鸡。《礼记·曲礼》："鸡曰翰音。"

译文

上九，鸡飞上了天，凶险的占问。
《象传》说："鸡飞上了天"，这怎么能长久呢？

小过第六十二

䷽ 艮下震上

原文

小过，亨，利贞。可小事，不可大事。飞鸟遗之音，不宜上宜下，大吉。

译文

小过卦：亨通，吉利的占卜。适宜做小事，不可做大事。本卦像只飞鸟一样，留下话告诉人们：不适宜登高向上，只适合向下低行。这样才大吉大利。

原文

《彖》曰：小过，小者过而“亨”也。过以“利贞”，与时行也。柔得中，是以“小事”吉也。刚失位而不中，是以“不可大事”也。有飞鸟之象焉。“飞鸟遗之音，不宜上宜下，大吉”，上逆而下顺也。

译文

《彖传》说：小过是说小事错误，无碍大局，仍能亨通。犯小小的错误但仍是吉利的占卜，是因为这是随顺着时机发展的。阴爻居于上下卦中间，因此小事情吉利。阳爻失去应有位置又不居于上下卦中间，因此干起大事情来就不顺利。卦中有飞鸟的喻象。“如飞鸟留下话告诫人们：不宜上行，宜下行，大吉大利”，是由于六五在九五之上，以柔乘刚而逆于上，六二在九三之下，以柔承刚而顺于下的缘故。

原文

初六：飞鸟以凶[1]。

《象》曰："飞鸟以凶"，不可如何也。

注释

①以：而，就，关系副词。

译文

初六，飞鸟经过天空，预示着凶险。

《象传》说："飞鸟经过预示凶险"，这是无可奈何之事。

原文

六二：过其祖[1]，遇其妣[2]。不及其君，遇其臣。无咎。

《象》曰："不及其君"，臣不可过也。

注释

①祖：祖父。②妣：祖母。

译文

六二，去访问祖父，却碰上祖母；没赶上国君，却碰上了臣子。这些都没有坏处。

《象传》说："没赶上国君"，因为臣子不可超越国君。

原文

九三：弗过[1]防之，从或戕之[2]。凶。

《象》曰："从或戕之"，凶如何也？

注释

①弗：不。过：指责。②戕（qiāng）：杀害。

译文

九三，不要过分地指责，但要防备他犯错误，如果听任放纵，反而害了他，这是凶险的。

《象传》说："听任放纵反而害了他"，这是多么的凶险啊！

原文

九四：无咎。弗过遇之，往厉必戒。勿用永贞。

《象》曰："弗过遇之"，位不当也。"往厉必戒"，终不可长也。

译文

九四，没有害处，不要指责他，但要防止发生错误。日后发展下去有危险，一定要警告他。不要占问往后的吉凶。

《象传》说："不要指责他，但要防备"，是由于九四阳爻居阴位，位置不当。"发展下去有危险，一定要警告他"，因为不可能长久不遇上危险。

原文

六五：密云不雨，自我西郊。公弋[①]取彼在穴。

《象》曰："密云不雨"，已上也。

注释

①弋（yì）：用带着绳子的箭射。

译文

六五，乌云密布，从西方郊外涌来，但还没有下雨，王公用带着绳子的箭去射洞中的野兽。

《象传》说："乌云密布，还未下雨"，但云已经聚集在天上了。

原文

上六：弗遇过之，飞鸟离之。凶，是谓灾眚。

《象》曰："弗遇过之"，已亢也。

译文

上六，不加制止，却听之任之发展，就会像飞鸟一样自投罗网，凶险，这叫做灾祸。

《象传》说："不加制止，反而听任他发展"，这已经太过分了。

既济第六十三

离下坎上

原文

既济①，亨小，利贞。初吉，终乱。

注释

①既济：已经成功。既，已经。济，成功。本卦卦象是离下坎上，离为火，坎为水，是火在烹水，使之沸腾而既济。

译文

事业成功，但凭着正确的战略却只能得到小的好处，而且还是开始吉利，最后糟糕。

原文

《彖》曰：既济"亨"，小者亨也。"利贞"，刚柔正而位当也。"初吉"，柔得中也。终止则乱，其道穷也。

译文

《彖传》说：既济亨通，是小的事业亨通。有利的占卜，是由于阳爻阴爻都各得其位。开始吉利，是由于阴爻居于下离中间。最后有变故，是由于陷入绝境，穷途末路。

原文

初九：曳其轮，濡其尾①。无咎。

《象》曰："曳其轮"，义无咎也。

注释

①濡：沾湿。尾：车子后部。

译文

初九，过河时，拉着车子的轮子，打湿了车子的后部，没有害处。

《象传》说："拉着车轮"，从道理上讲没有害处。

原文

九三：高宗伐鬼方①，三年克之。小人勿用。

《象》曰："三年克之"，惫也②。

注释

①高宗：殷代杰出的君王，名武丁，是盘庚后第三代。鬼方：当时华夏西北的一个强大部落。②惫(bèi)：极度疲乏。

译文

九三，殷高宗征伐鬼方，用了三年时间才打赢，小人不能任用。

《象传》说："用了三年时间才打赢"，非常疲乏。

原文

上六：濡其首①，厉。

《象》曰："濡其首，厉"，何可久也？

注释

①首：指车头。

译文

上六，水沾湿了车头，很危险。

《象传》说："水沾湿了车头，很危险"，盛世的局面怎么可以长久呢？

未济第六十四

☵☲ 坎下离上

原文

未济[1]，亨。小狐汔济[2]，濡其尾。无攸利。

注释

①未济：没有成功。未，没有。济，成功。卦象是坎下离上，坎为水，离为火。②汔(qì)：快要。济：渡过河。

译文

未济卦：亨通，小狐狸在渡河快要成功时，沾湿了尾巴，没有什么吉利的。这说明未济还会向既济转化，概括了全卦主旨。

原文

《象》曰：未济"亨"，柔得中也[1]。"小狐汔济"，未出中也[2]。"濡其尾。无攸利”,不续终也。虽不当位[3],刚柔应也[4]。

注释

①柔得中：指六五以阴爻居于上离正中，是得中说。②未出中：指六五没有越出上离的正当中，也是得中说。③不当位：指本卦阴爻都居于阳位，例如初六、六三、六五；阳爻都居于阴位，例如九二、九四、上九，是爻位说。④刚柔位：指九四与初六相应，九二与六五相应，上九与六三相应，是相应说。

译文

《象传》说:“未济卦,有亨通之象”,是由于阴爻六五居于上离的正当中。“小狐狸快要渡过河”,是由于阴爻六五没有越出上离的正当中。“弄湿了尾巴,没有什么吉利的”,是不能继续渡河,达到终点。本卦的各个爻所处的位置虽然都不恰当,但刚与柔却是相应的。

原文

六三:未济,征凶。利涉大川。

《象》曰:“未济,征凶”,六三的位不当也。

译文

六三,事情没有成功,出行凶险;但有利于涉水渡河。

《象传》说:“没有成功，出行凶险”,是由于六三阴爻居阳位,所处位置不当。

原文

九四:贞吉,悔亡。震用伐鬼方[1],三年有赏于大国[2]。

《象》曰:“贞吉,悔亡”,志行也。

注释

①震：动，指动用大军。②大国：指殷。在《尚书》中，周自称小邦，称殷为大国。

译文

九四，吉利的占卜，悔恨消失。出动大军征伐鬼方，三年后，受到殷王朝的赏赐。

《象传》说："吉利的占卜，悔恨消失"，是志向正在实现的表现。

原文

上九：有孚于饮酒[①]，无咎。濡其首，有孚失是？

《象》曰：饮酒"濡首"，亦不知节也[②]。

注释

①饮酒：西周初年严禁喝酒，《尚书·酒诰》"祀兹酒"（祭祀才能喝酒），"无彝酒"（不能经常喝酒）。因为当时君王认为喝酒可以亡国，"越小大邦用丧，亦罔非酒惟辜"（小国或大国的灭亡，没有不是酒造成的过失）。②节：节制，控制。

译文

上九，有诚信而饮酒，没害处。沾湿了脑袋，有诚信怎么会有这样的过失？

《象传》说：喝酒，沾湿了头，都是不知道自己控制自己。